성공스타일

SUCCESS STYLE
성공스타일

초판1쇄 2013년 8월 31일

지은이 • 멕스웰 에머슨 외 공저
발행인 • 채주희
발행처 • 해피&북스
등록 • 제10-1562호(1985.10.29)
주소 • 서울시 마포구 신수동 448-6
전화 • (02) 6401-7004
팩스 • (02) 323-6416
E-mail • elman1985@hanmail.net

값 13,800원

나는 성공할 스타일인가?

SUCCESS 성공스타일 STYLE

맥스웰 에머슨 외 공저 | 박대영 옮김

해피&북스

머리말

성공이란 무엇인가?

　성공이란 단 한 번뿐인 인생에서 진정 자기가 원하는 것을 성취해 내는 것을 말한다. 부자를 목표로 했던 사람이 부자가 되는 것, 사업가를 목표로 했던 사람이 사장이 되는 것, 자기 분야에서 최고가 되기를 원했던 사람이 그 꿈을 이루는 것이 모두가 성공이라고 말 할 수 있다.
　우리 모두는 성공을 꿈꾸며 산다. 꿈꾸는 정도가 아니라 열망한다. 성공을 꿈꾸는 것은 욕심이 아니라 지극히 인간적인 성취욕구이다. 그러나 성공은 언제나 극소수에 지나지 않으며 대부분이 실패라고 까지는 할 수 없어도 또한 성공이라고도 말할 수 없는 어정쩡한 인생을 살고 있다.
　성공을 위한 노력과 재능이 부족했다고 인정하는 사람은 없다. 성공을 위해서는 재능과 노력이 필요하며 성공은 공부가 아니다.
　음식을 먹는 것도 손과 입을 움직이는 노동을 하여야 하는데 하물며 성공을 원하면서 어떻게 노력이라는 대가의 지불없이 그것을 성취할 수 있겠는가.

success

그런데 재능도 있고 노력을 했는데도 성공의 대열에 낄 수 없는 사람도 많다. 그런 사람들은 우선 자기의 방법이 서툴지 않았나 연구해 보아야 한다. 맹목적인 노력은 무용지물이다. 특히 현대와 같은 복잡 다양한 사회에서 성공하기 위해서는 보다 과학적인 방법이 필요하다.

정확하고 효과적이고 경제적인 성공방법! 이 책은 바로 21세기를 준비하는 현대인들을 위한 성공 지침서이다.

우선 성공관을 확립할 수 있도록 진정한 성공의 개념에서부터 성공을 위해 구체적이고 실질적인 갖가지 방법, 이런 경우에는 어떻게 할 것인가 하는 위기 대응법, 성공 가능성을 테스트하는 자기진단법 등이 수록되어 있다.

모든 것의 출발점은 자기를 정확히 아는 것에서부터 시작된다. 이런 의미에서 자기진단 테스트는 본인이 어떤 분야에 적합하며, 어떤 점을 보충해야 성공에 도달할 수 있을지에 대한 비전을 제시해 줄 것이다.

이 책은 성공하고 싶은 당신을 위한 지침서로써 그 소명을 다하고도 남음이 있음을 믿어 의심치 않는다.

옮긴이 씀

프롤로그

당신의 성공관은 무엇인가?

성공을 어떻게 생각하며 무엇을 성공으로 보며. 내게 있어 성공은 무엇이며 어떤 의미를 갖는가를 정립한 다음에 성공을 향해 보다 확실히 매진할 수 있다. 먼저 성공관을 확실히 해두자.

무엇이 성공인가?

성공에 대한 정의는 사람들에 따라 다르다.

사람들의 가치관과 해석하기에 따라 얼마든지 달라질 수 있는 것이 성공의 개념인 것이다.

요즘은 흔히 물질적 (부)만을 성공이라고 생각하는 경향이 있지만 꼭 그렇지만은 않다.

그렇다면 당신의 성공관은 무엇인가? 성공을 어떻게 생각하며,

무엇을 성공으로 보는가? 아마도 너무 바빠서 무엇이 성공이라고 생각해본 일이 없었을지도 모른다. 그러나 성공을 이루고자 한다면 성공이 무엇인가에 대해 깊이 생각해 보아야만 한다. 성공한 뒤에 허탈감에 빠지는 사람들이 많은데 그것은 미처 성공관을 세우지 않은 채 앞만 보고 달렸기 때문이다.

내게 있어 무엇이 성공인가가 정립된 뒤에라야 성공을 향해 매진할 수 있다.

성공과 부자 무엇이 기쁨을 더 줄까?

무엇이 성공인가? 자본주의 사회에 사는 우리에게 성공은 곧 부자가 되는 것을 말하는가? 많은 사람들이 성공의 궁극적 목적은 부의 획득이라고 생각하지만 과연 그럴까? 성공이 주는 만족감은 부자가 되었을 때의 기분과는 다른 것이다. 이것은 심리적인 만족으로써 우리들이 인생을 살아 나가는데 있어서 가장 필요한 것이다.

예를 들어 설명해 보자. 골퍼들은 얼마씩 내기를 걸고 골프를 친다. 이겼을 때 함께 게임을 한 사람들로부터 얼마씩 거두는 즐거움은 내기에 이겨 돈을 번다는 물질적 기쁨을 훨씬 뛰어넘고 있다.

그것은 확실히 기분이 좋은 일이다.

많은 사람들이 잘못 이해하고 있지만 성공은 물질적인 이익을 누리는데 있는 것은 아니다. 그것은 성공의 한 단면에 지나지 않으며, 우리들은 인간의 본질을 잊어버리고 있는 것이다. 인간은 투쟁적인 동물이다. 갖가지 어려움에 부딪혀 싸우고, 이기고 그러는 가운데 보람과 즐거움을 찾는 것이 인간이다.

성공의 의미는 바로 그런데서 찾을 수 있으며, 결코 부자가 되는 것에 그 목적이 있지 않다.

성공은 부자가 되는 것보다 한 차원 높은 기쁨을 안겨준다.

성공의 목적이 무엇이며, 왜 성공하려 하는가?

이 질문은 어리석은 질문 같지만 반드시 짚고 넘어가야 할 문제이기도 하다. 그 목적이 사람에 따라 다를 수 있기 때문이다.

어떤 사람들은 성공을 그저 본능적인 욕구라고 말한다. 또 어떤 사람들은 윤리적인 면을 강조하며 인간으로서의 의무라고 말한다.

어떤 현실적인 사람들은 가족을 지키기 위한 것이라고 말하기도 한다.

그리고 보다 깊이 있는 이들은 성공이 가져다 줄 정신적 만족감 때문이라고 하기도 하고, 또 어떤 이들은 성공함으로써 다른 사람들을 도와줄 수 있기 때문이라는 이유를 붙이기도 한다.

위와 같은 여러 가지 이유를 다음과 같이 정리해 볼 수 있다.

성공을 한다는 것은 인생의 두 가지면, 즉 외적현실과 내적현실에 깊이 관계되어 있다.

이렇게 생각하면 성공이란 비뚤어지고 타락한 것이 아니라, 우리들의 안에 있는 가장 좋은 것들을 통합하여 이루어내는 것이라 하겠다. 그래서 우리는 성공을 꿈꾼다.

의미 있는 성공은 무엇인가?

성공에는 두 가지 부류가 있다. 하나는 다른 사람들이 성공했다고 인정해 주는 것이고, 또 다른 하나는 스스로 성공했다고 인정하는 것이다.

어느 쪽이 진짜 성공인가? 물론 후자이다. 만족이 없는 성공은 진정한 성공이 아니다. 사람에 따라 육식과 채식이 좋고 싫은 차이가 있듯이 재물을 모으는데 만족을 느끼는 사람이 있는가 하면, 그림을 그리는데 삶의 만족과 보람을 느끼는 사람이 있다. 때문에 어떤 사람이 재물을 얻지 못했다고 해서 그가 성공을 못했다고는 말할 수 없다.

내적인 기쁨이 없는 성공은 결코 진정한 성공이 아니다. 그 내적인 기쁨이란 곧 만족이다.

그런데 우리 시대의 많은 사람들이 성공을 외적으로만 찾고 있다. 그래서 성공을 하고서도 기쁨을 느끼지 못한다. "나는 성공하기 위해 열심히 일했다. 그런데 나는 과연 무엇을 얻었는가. 얻은 것 보다 잃은 것이 더 많다." 라고 그들은 성공 자체에 대해 회의한다.

성공의 만족감은 자신이 느끼면 그만이지 다른 사람에 의해서 반드시 확인되어야 할 필요는 없다.

낮은 보수로 열악한 환경에서 일하는 많은 사람들, 그들은 사회에서 성공한 사람들로 인정받지 못할 수도 있다. 그러나 자신의 직업에 대한 애착과 자신이 좋아하고 있는 일을 하고 있다는 확신이 있다면 그들은 성공했다고 할 수 있다.

예를 들어, 한 목수를 보자. 다른 사람들은 사무실에 앉아서 지시만 하는데, 자신은 힘든 노동을 해야 한다는 사실을 생각한다면 스스로를 패배자라고 느낄 수 있다.

그러나 남들은 할 수 없는, 나무를 자유자재로 깎고 그것으로 무엇인가를 만들 수 있다는 기술에 대해 만족하고 자부심을 느낀다면 그는 성공했다고 할 수 있는 것이다.

성공하고도 불행할 수 있다.

성공에는 어느 정도 위험성이 따른다. 이를테면 성공했다고 말할 수 있는 회사의 사장이나 중역들이 일에서 오는 스트레스가 원인이 되어, 만성적인 신경질환으로 발전하는 경우가 그 하나이다.

성공은 야심이나 욕망이나 공격심 등에 뒷받침되어 있음을 부정할 수 없다.

계속 성공을 하고 있는 사람들은 서서히 공격적으로 되어 가며 더러는 이것이 가정에까지 연장되어 가정생활을 파괴하려고 한다.

주변 사람들의 비판이 없기 때문에 그들은 점점 오만불손해 가며, 비판이 없으면 사장이나 중역들은 자기가 항상 옳다고 생각하게 된다. 이와 같은 오만함은 일 이외의 영역에까지 영향을 행사한다.

주변에 산재한 아첨꾼들로 인하여 사장이나 회사의 중역들은 유치하기 이를 데 없는 시기와 의심이 많은 인간으로 변하는 일이 종종 있다.

이러한 예들은 성공이 행복 대신 불행을 낳을 수도 있다는 것을 암시해 준다. 성공의 또 다른 얼굴이다. 이와 같은 예는 얼마든지 있다. 당신은 이런 성공을 원하지는 않을 것이다. 진정한 성공에 이르기까지에는 이렇듯 주의해야 할 함정들이 너무나 많다.

차례

Part Ⅰ 성공에도 원칙, 공식이 있다 _ 15

하고자 하는 일을 끝까지 해결 하는 5가지 공식 | 기억력을 향상시키는 7가지 공식 | 문제를 해결해 나가는 5가지 공식 | 명석한 두뇌를 유지하는 7가지 공식 | 리더로 성공하고자 할 때 11가지 공식 | 취업하고자 할 때 5가지 공식 | 적성에 맞는 일을 구하는 7가지 공식 | 잠재의식을 일깨우고자 할 때 3가지 공식 | 자신감을 기르는 5가지 공식 | 성공한 부자가 되기 위한 6가지 공식 | 인내력을 기르는 8가지 공식 | 일을 미루지 않기 위한 8가지 공식 | 상대방에게 호감을 주는 대화법 3가지 공식 | 세일즈를 잘 하는 7가지 공식 | 신뢰받는 사람이 되기 위한 13가지 공식 | 전문가가 되기 위한 5가지 공식 | 일을 즐겁게 하는 2가지 공식 | 행동의 4가지 원칙 | 최선의 3가지 공식 | 남을 무시하는 버릇을 고치는 5가지 공식 | 접대를 잘 하기 위한 5가지 공식 | 원하는 스타일로 자기를 만들어가는 7가지 공식

Part Ⅱ 명심해야 할 성공정신 _ 69

빚지지 말라 | 하나님은 우리에게 무거운 짐을 주셨다 | 부하를 부리려면 상사는 세 배 일을 하라 | 끝없이 도전하라 | 때론 감동할 수 있는 여유도 남겨두라 | 근심, 걱정에서 자신을 해방시켜라 | 운명 노이로제에서 벗어나라 | 산은 올라가는 자에게만 정복된다 | 신념으로 극복하라 | 사회의 변화를 앞질러라 | 성공은 누구나 이룰 수 있다 | 타인에게 의존은 금물, 스스로 해결하라 | 자만하지 말라 | 주위에서 힌트를 얻어라 | 실패에 기죽지 말라 | 오늘 할 일은 오늘로 끝내라 | 자기의 결점에 예속되지 말라 | 오늘의 실패를 내일의 성공으로 생각하라 | 게으름으로부터 자신을 경계하라 | 자기 자신을 믿어라 | 때로는 버릴 줄도 알라 | 먼저 좋은 친구가 되도록 노력하라 | 피로가 오기 전에 쉬어라 | 쉬지 않고 연습하라 | 외면적 성공보다는 내면적 성공을 위해 노력하라 | 성공은 권모술수에 있지 않다 | 미래의 성공한 자신의 모습을 그려라 | 시간은 충분 하다는 생각을 가져라 | 한 가지 일에 집중하라 | 현재 처해있는 고민을 털어 놓아라

Part Ⅲ 성공의 히든카드 능숙한 대화술이 성공을 결정한다! _ 121

능숙한 대화술은 성공할 수 있다 | 대화에 능숙한 사람이 되라 | 의욕이 없으면 행동이 따르지 않는다 | 좋은 첫 인상은 두 번 다시 만들 수 없다 | 성공적인 대화를 위한 4가지 요소 | 무조

CONTENTS

건 상대에게 인정 받아라 | 자신은 남에게 어떻게 보일까 | 목소리로 관리능력을 판단할 수 있다 | 무엇을 말할 것인가를 준비하라 | 말과 행동의 조화가 승리의 핵심 | 상대방의 마음을 읽어라 | 상대의 말을 경청하라

Part Ⅳ 에티켓이 바른 사람이 성공을 앞당길 수 있다 _ 157

교언영색〈巧言令色〉을 삼가라 | 야단치는 기술을 습득하라 | 명함을 중요한 재산으로 생각하라 | 건강한 한마디 인사가 성공을 앞당긴다 | 부지런한 새가 모이를 더 먹는다 | 약속시간을 목숨 걸고 지켜라 | 메모하는 습관을 길러라 | 술자리를 주의하라 | 섭외는 상대방의 입장에서 하라 | 세계속의 한국인으로의 에티켓을 갖추어라

Part Ⅴ 이런 경우에는 어떻게 할 것인가? _ 171

강박적인 성격 때문에 성공의 걸림돌이 될 때 | 신경질적인 성격이 성공의 걸림돌이 될 때 | 우울해질 때 | 고립되었다고 여겨질 때 | 나이에 대한 두려움이 들 때 | 남의 떡이 더 커 보일 때 | 부하에게서 정보를 얻어내려면 | 상사에게서 정보를 얻어내려면 | 거래처에서 정보를 얻어내려면 | 자신감을 회복하려면 | 신체적 열등감을 극복하려면 | 자신을 적극적인 사람으로 만들려면 | 자기 자신을 조정하려면 | 자신감을 가지려면

Part Ⅵ 리더를 위한 건강학 _ 211

성공의 적, 피로를 정복하라 | 마음의 여유를 가져라 | 뇌세포를 개발시켜라 | 푸른 야채를 많이 먹어라 | 식생활에 진 사람은 인생에서도 이길 수 없다 | 적정량만 준수하면 술은 보약이다 | 담배를 피우되, 건강하게 피워라

Part Ⅶ 성공할 수 있는 자기 스타일 [자기진단 테스트] _ 227

당신의 일하는 스타일은 | 당신의 사업수완은 | 당신의 정보능력은 | 당신의 기획능력은 | 당신의 영업력은 | 당신의 잠재능력은 | 당신의 설득력은 | 당신의 관리자로서의 능력은 | 처음 만나는 사람에게 당신은 어떤 느낌을 주는가 | 조직속에서 당신의 스타일은 | 당신은 심사숙고형인가 속전속결형인가

Part I
성공에도 원칙, 공식이 있다

우리는 지금 치열한 경쟁의 한 중앙에 서 있다.
남 보다 많이 무조건 열심히 일한다고해서 경쟁자들을 이길 수는 없다.
성공에도 보다 과학적인 기법이 필요할 때다.
여기 열거해 놓은(성공의 원칙, 공식)에 자신을 대입시켜 비교분석해 보면
남 보다 빨리, 정확히 성공이라는 정답을 찾아낼 수 있을 것이다.

하고자 하는 일을 끝까지 해결 하는
5가지 공식

언제 일을 멈추어야 하는가를 아는 것은 매우 중요하다. 그러나 그것만으로 다 된 것은 아니다. 중도에서 난관에 부딪쳤을 때 그 일을 무리없이 마치도록 끝까지 밀고 나가야 한다. 그럴 수 있으려면 다음 방법을 이용해 보자.

1) 일에 진지하게 관심을 가져라.

관심과 하고자 하는 의욕은 일란성 쌍둥이처럼 하나가 되어야 한다. 그리고 더 많은 정보를 수집하라. 어떤 일에 대해 더 많이 알면 알수록 그 일에 깊이 몰두할 수 있게 된다.

2) 당신의 일이 이루어졌을 때 그 만족감을 생각하라.

담배를 끊었을 때의 그 산뜻한 느낌이나 또 절약될 돈을 생각해 보라. 당신이 얻게 될 더 좋은 직장을 생각해 보라. 그리고 승진을 했을 때의 당신의 행복한 삶을 기억하라.

3) 어떤 일을 끝마쳐야 할 날짜를 정하고 그것에 도전하라.

4) 불필요한 간섭이나 신경 쓰는 것에서 벗어나라.

5) 도움이 될 수 있는 사람과 그 일을 함께 하라.
    누군가와 함께 일을 하면 혼자 하는 것보다 훨씬 효과적일 수 있다.

성공마인드

"성공은 결과이지 목적은 아니다."
– 플로베르

기억력을 향상시키는
7가지 공식

　가장 소중한 시간과 에너지 그것을 절약하는 도구는 바로 기억력이다. 기억력이 없는 온갖 지식은 모두 쓸모가 없다. 그렇지 않다면 우리는 어떤 일을 할 때 매번 전혀 새로운 것인 양 그것에 대응해야 할 것이다. 뛰어난 기억력은 성공에 매우 유익하다. 기억력을 향상시키고자 한다면 이렇게 해보라.

1) 마음이 평화로울 때 두뇌가 그 일을 기억하게 하라.
　만약 피로할 때 기억하려고 애쓴다면 오히려 좌절감만 느끼게 될 것이다.

2) 어떤 것을 기억하기 전에 먼저 할 일이 있다.
　그것은 기억해야할 것을 편리하게 세부적으로 나누는 것이다. 이를테면 당신이 20여 개 국가의 수도를 기억하려 한다면 그것을 다섯, 여섯 그룹으로 나누든지 두 그룹으로 나누어 보라. 훨씬 빨리 기억이 된다.

3) 기억해야 할 것을 여러 번 반복해서 생각하라.

그것을 종이에 여러 번 써보는 것도 도움이 된다.

4) 기억해야 할 것을 여러 시기로 나누어 잊지 않게 하라.

확실히 기억하기 위하여 이전에 외워두었던 것을 다시 반복해 보라.

5) 기억하려는 것들을 이미 기억 속에 확고히 자리 잡은 다른 것들과 관련시켜라.

거기에는 낯익은 아이디어나 어떤 상징을 이용할 수도 있다. 많은 사람들이 이탈리아 지도를 매우 잘 기억한다. 이탈리아의 지도는 장화처럼 생겼기 때문이다. 이와 같은 원리를 이용하라는 것이다.

6) 기억해야 할 것들을 어떤 공식이나 암호문으로 배열하면 보다 효과적이다.

예를 들어 광고계 종사자들은 주위〈Attention〉를 불러일으키고, 관심〈Interest〉을 끌고, 욕구〈Desire〉를 불러일으키고, 행동화(Action)하는 것에 대해서 AIDA라는 약자를 이용한다. 또 조사〈Review〉를 표시하는 다섯 단계의 연구 방식을 SQ3R의 약자로 표시한다.

7) 기억하는 데는 기다리는 시간 같은 여분의 시간을 이용하라.
주머니에 항상 메모를 해가지고 다니면서 틈틈이 꺼내보라.

성공마인드

"험한 언덕을 오르기 위해서 처음에는 천천히 걷는 것이 필요하다."
- 세익스피어

문제를 해결해 나가는
5가지 공식

어떤 결정을 내린다는 것은 곧 문제의 해결을 의미한다. 어떤 문제에 대해 어떻게 접근할 것인가를 정하는 것은 문제 해결의 실마리가 된다. 문제를 해결해나갈 때는 이 공식을 이용하라.

1) 문제를 복잡하게 만들지 말라.

어떤 문제를 해결해야 할 때 단순하고 만족스러운 방법을 먼저 찾아라. 전구 하나를 갈아 끼우는데 다섯 사람이 모여 한 사람은 전구를 들고 네 사람은 사다리 위의 그 사람을 받치고 있다면 얼마나 우스꽝스러운 일인가. 단순한 해결 방법은 많은 시간을 절약하게 한다.

2) 창의력을 가지고 문제에 접근하라.

흔히 어떤 문제를 해결하는데 있어서 문제를 바라보는 고정관념에 완전히 사로잡혀 있음으로 해서 해결이 어려워지는 수가 많다. 어떤 문제를 해결해야 할 때 얼마나 다양한 시각으로 보느냐에 따라서 해결 방법의 가능성은 더 커진다. 새로운 관점으로 문제를 보라.

3) 긴급함과 중요함의 차이를 알아라.

동시에 해결해야 할 많은 문제에 직면했을 때 우선 중요한 문제가 무엇인가를 자문해 보라. 그래서 그 문제들을 맨 위에 두라. 만약 긴급한 문제에 쫓기고 그것을 먼저 해결하려 한다면 위기는 계속해서 닥칠 것이다.

4) 잠재적인 가능성을 예측한다.

일반적인 문제 해결은 흔히 같은 방법으로 이루어지기 마련이다. 이미 일어났던 일을 참고로 미래에 다가올 위험을 예측하고 방지하며 그 조치를 취하라.

5) 잠재의식을 활용한다.

중요한 문제를 해결하는 어떤 능력은 우리의 의식 수준 밖에 있을 수 있다. 어떤 문제 해결을 하는데 잠재력을 이용해 보라. 중요한 일은 잠재의식 속에서 그 해결의 실마리를 찾게 되는 경우가 드물지 않다.

명석한 두뇌를 유지하는
7가지 공식

나이가 들면 흔히 두뇌의 회전도 느려진다. 그러나 노력에 의해 얼마든지 명쾌한 두뇌 회전이 가능하다.

1) 해면처럼 잘 흡수되는 뇌의 기능을 유지하기 위해서는 젊었을 때부터 뇌를 많이 쓰라.

2) 뇌의 동맥경화를 완전히 방지하라.
젊었을 때부터 고혈압에 주의하고 조금이라도 건강이 의심스러울 때는 의사에게 상담하여 당뇨병이나 혈중 콜레스테롤 등의 증가에 세심한 주의를 기울여라.

3) 한창 일할 나이 때부터 주치의를 갖도록 하라.
맹렬 사원의 돌연사가 늘어나고 있다. 병 같은 것은 앓아본 적이 없다고 자신하는 사람일수록 자신도 모르는 사이에 혈압이 올라가 갑자기 뇌졸중을 일으켰다는 예가 많다. 주치의를 두고 건강을 늘 상담하라. 도움이 될 것이다.

4) 충분히 수면을 취하라.

잠을 자는 것은 노화방지책의 하나이다. 떠들썩한 전철 안에서도 앉았다 하면 잠을 자는 사람이 있는데 행복한 일이다. 비록 10분 간의 말뚝잠을 자더라도 머리가 상쾌해지는 것이다. 그리고 말뚝잠이야말로 노화를 방지하는 바로미터이기도 하다.

5) 기분전환을 자주한다.

뇌는 산소의 공급을 받으면 기능이 부활하게 되는 것이다. 산책이나 가벼운 조깅으로 기분전환을 자주하라.

6) 손끝, 손가락을 자주 사용할 것.

섬세한 손의 움직임이란 뇌의 많은 부분을 동원하는 것이 되므로 섬세한 일을 하면 할수록 뇌가 자극을 받게 된다.

7) 호기심을 가져라.

호기심이 있는 한 노화는 오지 않는다.

리더로 성공하고자 할 때
11가지 공식

1) 용기를 가져라.

리더는 용기와 지식과 경험에서 나오는 것이다. 자신감과 용기가 결여된 리더에게 지배당하고 싶어 하는 사람은 아무도 없다.

2) 자기 통제력을 가져라.

스스로를 조절하지 못하는 사람이 남을 조절할 수 없다.

3) 정의감에 불타는 마음이 있어야 한다.

공평한 마음과 정의감 없이 타인의 존경을 받는다는 것은 불가능하다.

4) 결단력을 가져라.

우유부단함은 자신감이 없다는 증거이다. 결단력이 없어 언제나 갈피를 잡지 못하고 있는 리더에게 자신을 맡길 사람은 없을 것이다.

5) 계획성을 가져라.

성공한 리더는 일을 계획하여 그 계획을 반드시 실행한다.

6) 보수 이상의 봉사 하는 습관을 몸에 익혀라.

리더로서 절대적인 조건은 부하를 충분히 배려해 주는 마음이 있어야 한다.

7) 쾌활한 성격이어야 한다.

리더는 항상 쾌활해야 한다. 그래야 직원들도 명랑하고 즐겁게 일할 수 있다.

8) 자상해야 한다.

리더는 부하에게 자상해야 한다. 부하를 이해할 뿐 아니라 그들의 고민도 이해할 수 있어야 한다.

9) 모든 것을 알고 있어야 한다.

리더는 그 조직 혹은 단체, 상황에 관한 모든 것을 잘 알고 있어야한다.

10) 책임감을 가질 것.

리더는 자신의 실패는 물론 부하의 실패에 대해서도 책임을 져야한다.

11) 협력하여 일을 해야 한다.

리더는 협력 체제 아래에서 일이 되도록 해야 한다. 리더에게는 권력이 필요하지만 권력에는 협력이 필요하다.

성공마인드

"실패하기 위한 계획을 세우는 사람은 없다. 다만, 성공을 위한 계획을 세우지 않을 뿐이다." - 윌리엄 워드

취업하고자 할 때
5가지 공식

 자기 자신의 재능을 최대한으로 살려나가는 데는 무엇보다 일을 얻어야 한다. 어떻게 하면 효과적으로 적합한 일을 찾을 수 있을 것인가.

1) 직업소개소를 이용하라.
 충분한 시간을 들여 실적이 많은 평판 좋은 소개소를 선택하면 매우 도움이 된다.

2) 구인 광고를 이용하라.
 신문, 잡지, 사보 등의 구인광고를 이용해 보는 것도 좋을 것이다.

3) 희망의 편지를 보내라.
 특정한 회사 등에 직접 지원서를 보내는 방법도 해 볼만하다.

가능하면 소개서도, 편지도 전문가에게 어드바이스 받아 작성하면 좋다.

4) 지인〈知人〉에게서 소개를 받을 것.

만일 가능하면 지인의 도움을 받아 회사의 경영자를 직접 만나라.

이 방법은 관리직을 구하고 있는 사람들이나 자기를 알리고 다니는 것을 싫어하는 사람들에게 편리하다.

5) 무조건 뛰어들어 보라.

경우에 따라서는 소개 없이도 뛰어 들어가 경영자와 부딪치는 것도 필요하다.

성공마인드

"땀이 없으면 달콤함도 없다."
- 스코틀랜드 속담

적성에 맞는 일을 구하는
7가지 공식

인간은 누구나 자기에게 맞는 직업을 구하고 싶어 한다.
자기에게 맞는 일을 찾으려면 이와 같은 방법을 이용해 보라.

1) 바라고 있는 일이 무엇인지 확실하게 정하라.

　돈만 생기면 어떤 일도 좋다는 사람에게는 결국 돈이 되는 일은 주어지지 않는다. 만약, 희망대로의 일이 없으면 스스로 창립하면 된다.

2) 취직하고 싶은 회사를 결정하라.

3) 희망하는 회사의 경영 방침과 사장의 인격, 승진의 기회 등을 면밀하게 연구하라.

4) 재능과 성격을 분석하여 자신은 "무엇을 할 수 있는가"를 명확하게 알아 두라.

그리고 당신의 의욕과 재능과 노력을 어떻게 조화시키면 되는가 그 계획을 짜라.

5) 이제 여기까지 오면 지위나 승진에 대한 것은 잊어버린다.

"나에게 무슨 일이든 주세요"라는 소극적인 말을 하는 것도 중지한다.

단 "무엇을 할 수 있는가" 그것만을 생각하도록 한다.

6) 마음속에 당신을 알리는 계획이 떠오르면 경험 있는, 문장력이 좋은 사람의 협조를 받아 그 계획을 상세하고 알기 쉽게 문장화한다.

그리고 완전한 당신의 카탈로그를 만든다.

7) 그 카탈로그를 목표 회사의 담당자에게 제출한 다음 그 사람에게 맡겨 둔다.

어느 회사에서나 자기 회사에 이익을 가져다주는 인재를 찾고 있으므로 당신의 카탈로그는 반드시 진지하게 검토될 것이 틀림없다.

잠재의식을 일깨우고자 할 때
3가지 공식

잠재의식의 활용은 인생에 크게 도움이 된다. 여기서 잠재의식을 요동시키는 자기 암시 방법을 소개한다.

1) 밤에 잠들기 전에 자신이 쓴 암시의 말을, 이미 그것을 손에 넣었을 때의 모습을 마음속에 그리면서 또렷한 목소리로 크게 읽어라.

2) 다음에 이 (암시의 말)이 마음속에서 완전히 자기 것으로 될 때까지 아침과 저녁마다 반복하여 읽으라.

3) 벽, 천장, 화장실, 책상 등 눈에 잘 띄는 곳에 이 (암시의 말)을 몇 군데 붙여 항상 당신의 마음을 자극하도록 해두어라.

이 세 가지 일을 실행하는 것이 자기 암시의 힘을 발휘시키는 가장 좋은 방법이다. 그리고 중요한 것은 반드시 감정을 깃들여서 행하며 특히, 신념을 가지고 자기 암시를 행하도록 노력해야 한다.

성공마인드

"커다란 야망에 집착하지만 않는다면, 많은 사람들이 작은 일에도 성공할 수 있다."
- 헨리 워즈워드 롱펠로우

자신감을 기르는
5가지 공식

자신감은 성공을 달성하는데 필수적인 정신이다.
자신감이 없으면 어떤 것도 이루어 낼 수 없다. 자신감을 기르려면 이 방법을 시도해 보라.

1) 나에게는 훌륭한 인생을 구축할 능력이 있다.
그래서 참고 기다린다. 나는 "절대로 단념하지 않는다"고 마음속에 다짐하라.

2) 무엇이든지 내가 마음속에서 강렬하게 소원하는 것은 반드시 언젠가는 실현될 것이라고 확신하며 매일30분, 내가 이루고 싶다고 생각하는 모습을 마음속에 생생하게 그려내라.

3) 자기 암시의 위대한 힘을 믿으며 매일 10분 간. 정신을 통일하여 자신감을 기르기 위한 "자기 암시"를 걸어라.

4) "인생의 목표"를 명확하게 종이에 써라. 다음은 한 걸음 한 걸음 자신감을 가지고 전진해 가는 일 뿐이다.

5) "진리와 정의에 따라 행동하지 않고는 어떠한 부(富)도, 지위도 결코 오래 지속되지 않는다는 사실을 알고 있다. 그래서 이기적인 목표를 세우지는 않겠다. 누구나 다른 사람들의 지원 덕분에 성공이 오는 것이다. 그래서 나는 우선 남을 위해 봉사한다. 사랑을 몸에 익히고 증오와 시기, 이기심이나 나쁜 마음을 버린다. 이웃을 사랑하자고." 쓰고 그리고 그 맹세를 매일 큰 소리로 반드시 읽도록 하자.

당신의 자신감은 견고해져서 당신은 성공할 것이다.

성공한 부자가 되기 위한
6가지 공식

부자가 되고 싶다는 "소망"을 달성하기 위해 반드시 익혀두어야 할 6가지 공식을 소개한다.

1) 바라고 있는 돈의 "금액"을 명확하게 하라.
단순히 "많은 돈을 벌기 원한다"란 생각만으로는 안 된다.

2) 원하는 만큼의 돈을 얻기 위해 나는 "무엇을 할 것인가"를 결정하라.
이 세상에는 대가 없는 보답이란 존재하지 않는다.

3) 소망을 달성할 "날짜"를 결정하라.

4) 돈을 얻기 위한 면밀한 계획을 세우라.

가령 그 준비가 덜 되었더라도 상관하지 말고 즉시 행동에 들어가라.

5) 지금까지의 4가지 원칙 "얻고 싶은 돈의 금액, 그러기 위해 할 일, 그 기일, 면밀한 계획"을 다이어리에 상세하게 기술하라.

6) 기술한 위의 내용 들을 1일 2회, 잠자리에 들기 직전과 아침에 일어난 즉시, 되도록 큰소리로 읽어라.

이 때에 당신이 이미 그 돈을 가졌다고 생각하여 그렇게 믿어버리도록 하는 것이 중요하다.

성공마인드

"성공의 비밀은 평범한 일을 비범하게 해내는 것이다."
- 존 록펠러

인내력을 기르는
8가지 공식

인내력은 마음의 작용이다. 얼마든지 개발하여 단련시킬 수 있다. 인내력을 연마하기 위한 8가지 공식을 소개한다.

1) 목표를 명확히 하라.

자신이 무엇을 바라고 있는가를 확실하게 알라. 아마 이것이 인내력을 개발하는 가장 중요한 열쇠가 될 것이다. 강력한 동기 부여야말로 우리들에게 온갖 곤란을 극복해 가는 힘을 부여해 준다.

2) 소망의 불을 태우라.

소망이 소리를 내며 타오르게 되면 인내력을 발휘하는 것은 아무 것도 아닌 것이 될 것이다.

3) 자신감을 가져라.

가치를 믿으라. 이것이 자신감과 용기와 인내력을 지탱해 준다.

4) 계획을 조직화 시켜라.

어쨌든 계획을 짜기 시작한다. 면밀한 계획을 세워나가는 도중에 점점 인내력이 양성되는 것을 느끼게 될 것이다.

5) 정확한 지식을 가져라.

자신의 경험, 자신의 관찰을 기초로 하여 지식을 쌓아라. 이렇게 해서 얻어진 올바른 지식을 사용하지 않고 단순한 억측이나 짐작만으로 판단하는 것은 인내력을 파괴하기만 한다.

6) 협력심을 가져라.

사람들에게 인정과 이해와 조화가 갖추어진 협력심을 얻는 일은 당신의 인내력을 강화시키는 것이다.

7) 의지를 키워라.

명확한 목표를 향해 항상 마음을 집중시키려고 하는 노력이야말로 "인내력의 양분"이 된다.

8) 좋은 습관을 가져라.

　인내는 습관문제이다. 인내하는 것이 습관이 되어 몸에 배도록 노력해야 한다. 마음은 나날의 경험이 쌓여서 원숙해지는 법이다. 공포라고 하는 가장 큰 적이라도 "용기 있는 행동을 반복하는 일"에 의해 쫓아버릴 수가 있다.

성공마인드

"우리보다 못한 사람들에게 감사하자. 그들이 없었다면 우리도 성공할 수 없었을 것이다." - 마크 트웨인

일을 미루지 않기 위한
8가지 공식

1) 생각할 수 있는 5분 간의 여유를 가져라.

미래에 대해서 지나치게 생각하지 말고 현재 당신이 원하는 일에 대해서 5분 간만 생각한 다음 미루는 일을 거부하라.

2) 지금까지 미루어왔던 일을 시작하라.

그러면 미루는 일이 불필요하다는 것을 알게 될 것이다.

3) 자신에게 이렇게 반문해 보라.

"내가 이 일을 미룸으로 해서 어떤 손해가 발생할까?"

4) 과거에서부터 지금까지 미루어왔던 일에 전적으로 매달릴 수 있는 시간을 구체적으로 정하라.

5) 해야 할 일에 대해서 지레 걱정하고 살만큼 한가한 사람은 없다.

일을 미루고 싶은 생각이 들 때는 자신을 사랑하는 사람들은 그들 자신을 미룸으로써 망치게 하지 않는다는 것을 기억하라.

6) 자신을 퇴보시키고 있는 것은 바로 자신이다.

자신이 지금까지 해온 모든 것은 스스로의 선택에 의해 이루어졌음을 잊지 말라.

7) 지루한 환경에서 창조적으로 당신의 생각을 활용하여 극복하라.

당면한 문제에 불안감을 가질 필요가 없다. 자신감을 가져라.

8) 삶을 냉정하게 판단하라.

"만약 앞으로 6개월 밖에 살지 못한다면, 하고자 하는 일을 지금 하고 있을 것이다." 그 생각을 하라.

상대방에게 호감을 주는 대화법
3가지 공식

현대는 대화의 시대, 설득의 시대이다. 대화란 그대로 (나)와 (상대)가 서로 주고받는 말이다. 혼자서 떠드는 것은 독백이거나 설교, 강의이다.

그런데도 많은 사람들이 일방적으로 자기 말만 하려고 한다. 이것이 대화의 문제점이다.

그렇다면 보다 효과적인 대화의 방법은 무엇일까? 상대방을 기분 좋게 해주는 대화법을 소개한다.

1) 1분 이내로 자기의 말을 끝낸다.

현대인은 타인의 장광설을 싫어한다. 따라서 자기의 말은 상대의 말을 이끌어 내기 위한 문제 제기 정도로 1분 이내로 간단히 말하는 것이 좋다.

2) 2분 이상 상대가 말하게 한다.

반대로 사람은 누구나 자기의 말을 많이 하려고 한다. 상대가 말을 많이 하도록 2분 이상 기회를 주어야 한다.

3) 3분 이상 긍정의 맞장구를 친다.

상대의 말에 긍정의 맞장구를 쳐주면 상대의 기분은 썩 좋아지기 마련이다. 그렇게 되면 그는 당신에게 호감을 갖게 된다. 결국 이익은 말을 아낀 당신에게 돌아가게 되는 것이다.

> **성공마인드**
> "아침에 일어났을 때 돈 벌 방법이 생각나지 않으면 그곳은 일할 만한 장소가 아니다." - 마이크 프레이저

세일즈를 잘 하는
7가지 공식

세일즈를 할 때 왜 많은 사람들이 실패하는가?
그것은 다음 7가지 공식을 실천하지 못하기 때문이다.
이중 어느 하나라도 소홀히 하면 소기의 목적을 달성할 수 없다.

1) 고객을 여러 번 방문하라.

2) 상담을 적극적으로 진행해서 고객의 관심을 100% 끌어라.
　신뢰할 수 있는 세일즈맨이 되고 싶으면 주목을 끌고 흥미를 불러 일으켜야 한다.

3) 납득할 수 있도록 충분한 사실을 이야기 하라.

4) 세일즈맨 본연의 자세인 이득을 팔아라.

5) 판매를 위한 대화를 적당히 하라.

　장시간의 대화는 고객으로 하여금 사고 싶은 의욕을 상실케 하기 때문이다.

6) 때로는 상대방에게 부드러운 개인적 관심을 종종 나타내는 것이 좋다.

7) 상담에 충분한 열의를 가져라.

　사소한 부주의 한 가지도 판매원에겐 최대의 실수가 될 수 있다.

성공마인드

"돈이란 인정없는 주인이기도 하지만, 반면 유익한 심부름꾼일 수도 있다."
- 유태인의 격언

신뢰받는 사람이 되기 위한
13가지 공식

1) 절제하라.

특히 주색〈酒色〉을 조심하라.

폭음 후 이튿날 숙취 때문에 출근 못하는 사람치고 성공한 사람은 없다. 리비도〈Libido, 성욕〉가 모든 창조력의 원동력이다. 위대한 창조를 한 사람은 리비도를 창조력으로 전환시킨 사람들이라는 것을 명심하라.

2) 침묵하라.

말하는 사람이나 듣는 사람이나 이익이 되지 않는 쓸데없는 말은 하지 말아야 한다.

3) 질서를 지켜라.

물건과 지식을 정돈하고 시간을 지켜야 한다.

4) 결단력을 가지라.

일단 정해놓은 목표는 성취시켜야 한다.

5) 검약하라.

낭비하지 말고 절약하여야 한다.

6) 근면하라.

열성적이고 부지런해야 한다.

7) 성실하라.

모든 일을 정직하고 성실한 태도로 임해야 한다.

8) 정의로워라.

옳은 일과 인도주의를 지켜야 한다.

9) 중용을 지켜라.

극단적인 행동을 피하고 언제나 단정한 인품을 지녀야 한다.

10) 청결하라.

신체, 의복, 생활주변을 청결하게 하라.

11) 평정을 지켜라.

언제나 침착하고 서두르지 말아야 한다.

12) 인애로워라.

사람에게는 부드럽고 친절하여야 한다.

13) 겸손하라.

남의 발등을 밟는 자가 되지 말라.

도리어 손해가 생기고 겸손을 지켜야만 이익이 생기는 것이 세상의 이치인 것을 알 필요가 있다.

성공마인드

"자신(自信)은 성공의 제일의 비결이다."
- 멕스웰 에머슨

전문가가 되기 위한
5가지 공식

전문가란 프로페셔널(Professional)을 말한다.

프로페셔널이란, 자기가 전문으로 하는 직능에 대하여 아마추어와는 바로 알 수 있을 정도의 명확한 능력의 차이를 지닌 자이다. 전문가가 되려면 다음 다섯 가지 공식을 지켜야 한다.

1) "어떻게 할까요?"의 금지

프로는 자신의 일에 관해서 "어떻게 할까요?"라고 묻지 않는다. 우선 자기의 의견을 말하고 그 다음에 주위 사람들의 의견을 듣는 것이 원칙이다. "어떻게 할까요?"라고 묻는 것은 프로가 아니다.

2) "할 수 없습니다."의 금지

좀 어려운 일을 맡기려 하거나, "이런 일을 생각해 보면 어떨 것인가"라고 하면 바로 "할 수 없습니다"라든가 "무리입니다"라고 말하는 사람이 있다. 프로에게 이것은 절대로 있어서는 안 되는 일이다.

3) 자만심 금지

일에 자신감을 갖는 것은 좋지만 너무 자신 만만하면 주위 사람들의 조언을 무시하게 되는 수가 있으므로 지나친 자만심은 경계할 일이다.

4) 일 하는 즐거움을 터득 하라.

일이 재미있는 상태가 되지 않으면 아직도 신인의 단계를 벗어나지 못했음을 의미한다. 일이 재미있어 죽을 지경이 되라.

5) 자기 관리능력을 키워라.

일을 언제까지, 어디까지 등 목표를 정하고 그것을 달성하도록 연구해 나가는 자세가 프로의 자세다.

일을 즐겁게 하는
2가지 공식

    일을 즐겁게 하는 상태를 만드는 것은 그다지 힘든 일이 아니다. 거기에는 비결이 있고 그것을 알고 있으면 누구든지 일이 재미있게 될 것이다.

1) 먼저 선수를 쳐라.
    시켜서 움직이는 수동적인 입장이 되는 것을 피하고 무엇이든지 주위에 대하여 적극적으로 반응을 해나가면서 선수를 쳐 나가면 된다.
    스포츠나 게임이나 일은 그 재미있다는 원리에서 공통점이 있다. 스포츠는 누군가로부터 명령을 받아서 할 수 있는 것이 아니고 자기자의로써 하는 것인데, 일도 마찬가지로 남으로부터 말을 듣고서 하는 것은 모두 재미없는 것이다.
    아무리 포커광이라 하더라도 접대하는 포커에는 재미를 느끼지 못한다. 가르침을 받고 지시된 대로 움직이면 일이 재미가 없어지게 된다.

2) 일을 재고〈測定〉, 자기의 "스코어"를 적어 나가도록 하라.

스포츠나 게임에는 모두 성적을 재는 척도가 있다.

재미가 있다는 본질에는 스코어를 확인하면서 자기가 한 것을 연구하는데 있어 스코어를 적을 수 없다면 재미가 반감되고 만다. 이것은 일에서도 마찬가지다.

다만 일이 다른 점은, 스포츠와 같이 스코어를 재는 방법이나 룰이 정해져 있지 않은 것이 많다는 점이다.

세일즈나 생산현장의 작업은 그래도 좋은 편이어서 자기 한 사람 또는 그룹의 스코어를 적어가면서 연구할 수 있다. 연구나 설계, 사무와 같이 자기를 재는 척도가 공식적으로 적을 때는, 일의 성과를 재는 척도를 자기 나름대로 만들어가는 것이 필요하다.

행동의
4가지 원칙

아는 것과 행동하는 것은 천양지간이다. 행동의 원칙에는 다음 4가지가 있다.

1) 의욕을 가져라.

"하면 된다" 꼭 해낸다는 의욕이 없는 인간은 살아있는 송장이다. 성공은 지적능력의 차이가 아니고 의욕의 차이다.

2) 구체적 방법을 세워라.

문제해결 방법에 있어 우리들은 총론에만 신경 쓰고 각론을 찾지 않는다. 구체적 방법을 찾아 그 방법대로 행동하라.

3) 일단 시작하고 보라.

시작이 절반이라고 시작하기만 하면 성공의 가능성이 반쯤은 보인다.

4) 지속시켜라.

끊임없이 계속하는 것을 지속이라고 한다. 인간은 99%가 거의 비슷하고 1% "지속하는 자"만이 다르다. 이 1%가 성공을 좌우한다.

그래서 지속은 위대한 힘이고, 성공하는 자는 지속하는 자이다.

성공마인드

"자기가 갖고 있는 것을 그것을 필요로 하는 사람에게 파는 것은 상술이 아니다."
– 유태인의 격언

최선의
3가지 공식

성공은 최선을 다하는 자에게 주어지는 선물이다.
최선에는 3가지 공식이 있다.

1) 자기 일에 최선을 다하라.

먼저 자기가 잘 하는 일, 잘 하는 분야를 찾아 온갖 정력을 쏟아 넣는다. 대부분의 사람은 죽을 때까지 이것을 깨닫지 못하고 또 찾지 못하여 허송 세월을 보낸다. 이런 자들은 성공을 바랄 수 없다.

그 다음에는 몰입한다는 것이다. 침식을 잊을 정도로 미쳐 보지 못한 사람에게는 성공이란 먼 이야기다.

그리고 책을 많이 읽고 남의 말을 열심히 들어야 한다.

에디슨은 동네 도서관에서 어제는 1m, 오늘은 1.5m의 책을 빌려 읽었다고 한다.

2) 시간에 최선을 다하라.

시간은 목숨만큼 소중하다. 시간의 낭비는 곧 인생의 낭비이다.

그리고 시시각각이 모두 기회이다. 따라서 모든 시간에 최선을 다하는 것이 인생에 최선을 다하는 것이다.

3) 사람에게 최선을 다하라.

이 세상에서 나에게 행복을 가져다주는 것은 오직 사람뿐이다.

미국의 카네기 공과대학에서 졸업생을 추적 조사한 결과, 그들은 이구동성으로 성공하는 데 도움이 된 것은 "전문지식과 기술이 15%, 인간관계가 85%"였다고 한다.

> **성공마인드**
> "나는 우연히 성공한 것이 아니라, 꾸준한 노력으로 성공한 것이다."
> – 헤밍웨이

기억력으로 성공하는
10가지 공식

상대의 이름과 얼굴을 빨리, 오래 기억하는 사람이 성공한다. 다음 10가지 공식을 이용해 보라.

1) 초면인 사람의 이름을 들으면 곧 그것을 자기 입속에서 다시 되뇌어 본다.

그 인물에 흥미를 가지고 다시 만날 것을 기대한다. 이 사람을 잊으면 후에 대단히 난처한 일이 닥쳐올 것이라고 생각하여, 결코 그 이름과 얼굴을 잊지 않겠다고 결심한다. 그리고 이것을 곤란한 것이라고 생각하지 않아야 한다.

2) 한 번 기억한 사람의 이름을 기회가 있는 대로 되풀이하여 써 볼 것이며 애매하게 하지 말고 명료하고, 정확하게 말하여 본다.

3) 그 사람과 대면하였을 때도 똑똑한 발음으로 그 사람의 이름을 부른다.

이야기 하면서도 몇 번이고 그 이름을 부르고 헤어질 때에 다시 한 번 그 이름을 부른다.

4) 이름을 부를 때, 그 사람의 얼굴을 똑바로 들여다본다.

그리하여 그 특징을 기억한다. 부분적인 특징과 전체적인 인상을 머릿속에 새겨 넣도록 하는 것이 중요하다.

5) 어떠한 장소에서든지 그 사람을 만나면 곧 그의 이름을 부른다.

혹은 신문 같은 데서 그 사람의 사진을 보게 되면 꼭 그의 이름을 외어 본다. 이렇게 하면 이름을 똑바로 기억하게 될 것이며, 결코 잊어버리는 일은 없을 것이다.

6) 연습하는 방법

사람들이 많이 모이는 곳에 가서 알지 못하는 사람들과 접촉한다. 그리고 초면의 사람에게 이상과 같은 방법을 시험해 본다. 이름을 가르쳐 주지 않고 소개받으면 그 이름을 물어보도록 한다.

그리고 그 이름을 정확하게 부르면 상대편도 결코 나쁜 기분을 가지지는 않을 것이다.

이 연습을 시험삼아 가벼운 기분으로 실행해 보라. 서너 명을 알게되면 일단 그 사람들로부터 떨어져서 그 서너 명의 이름과 얼굴을 서로 맞추어 몇 번이고 그 이름을 되풀이하여 불러 본다. 생각이 나지 않으면 또다시 그 곳에 가서 그 이름을 정확히 알아 본다.

그러면 이번에는 확실하게 그 이름이 머릿속에 새겨질 것이다.

7) 자리에 누워 잠들기 전에 그날 만난 사람들의 이름을 적어 본다.

그리고 그 이름 밑에 만났던 장소, 이야기한 요점, 복장 등에 대해서 기입해 둔다.

8) 자기가 살고 있는 동네 사람들의 이름을 외어 본다.

혹은 자기가 자주 가는 상점의 점원 이름을 외어 본다. 이러한 방식으로 새로운 이름과 얼굴을 찾아서 얼굴과 이름이 마치 화물과 거기 딸린 꼬리표 모양으로 정확하게 자기 기억에 새겨지도록 한다.

9) 일주일 동안에 만난 새로운 이름과 얼굴을 될 수 있는 대로 많이 써 본다.

그 주일의 마지막 날에는 쓰여진 그 표를 다시 보고서 얼마만큼이나 그 표에 있는 인물에 대해서 자기가 기억을 하였는가, 그 사람과 만났을 때의 느낌은 어떠하였으며, 무슨 이야기를 했던가를 생각하여 본다. 일주일 동안 50명의 이름과 얼굴을 기억할 수 있다면 그 기억력은 상당한 것이라고 할 수 있다.

10) "얼굴은 생각이 나지만 이름은 그만 잊어버려서"라고 단념해 버리는 것은 좋지 못한 버릇이다.

사람의 이름과 얼굴, 그 사람과 만났을 때의 용건과 장소 등을 기억한다는 것은 자기의 재능을 효과적으로 나타내는데 매우 중요한 도움이 되는 것이다.

성공마인드

"돈이란 옷이 우리에게 베푸는 역할 밖에는 해 주지 못한다."
- 유태인의 격언

남을 무시하는 버릇을 고치는
5가지 공식

자기보다 못한 사람을 비웃고 경멸하면 결국 스스로가 고독해진다. 남을 무시하는 버릇을 고치기 위해서는 다음 5가지 공식을 실천해 보자.

1) 긍정적인 생각으로 사람을 대하라.

처음 대하는 사람을 곧 좋은 것, 싫은 것으로 정해버리는 경향이 사람들에게는 있다.

그러나 초면에 싫은 사람이라고 느꼈던 사람도 사귀어보면 친할 수 있는 사람일지도 모른다.

2) 비판적인 버릇을 고쳐라.

그렇지 않으면 사람과 전혀 접촉이 없는 직업으로 갈 수밖에 없다.

"얄미운 사람"이라고 불리면 어디가나 그 사람은 자기 재능에 알맞은 자리를 찾지 못한다는 것을 각오해야 된다. 욕설을 퍼 붓고 자기만 잘난 척하는 사람은 어디서나 그 이상의 여러 가지 손해를 보고 있는 것이다.

3) 지금부터 일주일 동안 누구에 대해서도 한 마디의 비판적인 말을 하지 않기로 결심하고 이것을 지켜보라.

4) 타인에 대한 비판적 태도를 없애는데 다음과 같이 하는 것이 좋다.

타인의 행위를 주의해서 보라. 그리고 한 가지 결점이 보이면 그 사람의 두 가지 장점을 찾아보라.

버스나 전철 속에서 또는 극장이나 운동장 같은 사람이 많이 모이는 곳에서 사람들이 보여주는 작은 친절에 주목하라.

자기가 가장 악평을 한 사람들의 이름을 적어 놓고 이러한 사람들의 장, 단점을 찾아보라.

자기의 비평이 잘못이었다는 것을 깨달을 때까지 찾아보라. 5~6가지의 장, 단점을 알아내지 못한다면, 그것은 당신의 눈이 미치지 못한 까닭이다.

5) 좋은 사람이건 싫은 사람이건 상대를 신뢰할 줄 아는 사람이 되라.

싫은 사람에게도 될 수 있는 한 상냥하게 대해 주어야 하며 그런 마음씨가 없으면, 당신이야말로 사람들에게 신뢰할 수 없는 사람이라고 비평을 받을 것이다.

성공마인드

"시간이란 없는 것이다. 다만 있는 것은 일순간뿐이다. 그러므로 이 일순간에 있어서 우리의 모든 힘을 발휘하지 않으면 안 된다." - 톨스토이

접대를 잘 하기 위한
5가지 공식

1) 약속 시간은 꼭 지킨다.

　접대의 약속 시간은 무슨 일이 있어도 지켜라.

　어쩔 수 없이 연기하거나 취소할 경우에는 적어도 약속 시간 1시간 전까지 연락을 하도록 한다.

　만약 상대방이 이미 출발한 후라면 무슨 방법으로라도 약속 장소까지 약속 시간 전에 전갈이 가도록 한다.

　지각했을 때는 길게 변명하지 않는 것이 좋다.

2) 상대방의 입장이 되어 말한다.

　인신공격, 신체적 결함에 관한 농담 등은 피하고 실수했을 경우는 반드시 그 자리에서 사과한다.

3) 상대방의 실수에 관대하라.

　접대시에는 상대방에게 무안을 주지 않는 것이 원칙이다. 손님이 실수했을 경우엔 그것을 재빠르게 아무렇지도 않게 받아들여 주는 배려가 필요하다.

4) 접대를 조건으로 무엇을 요구하지 않는다.

접대의 조건으로 상대방으로부터 무엇인가를 받아내려고 하는 것은 어리석은 일이다. 이러한 접대는 결코 성공할 수 없다.

5) 접대 후 상대방의 허점을 이용하지 말라.

접대를 해놓고 그것을 조건으로, 혹은 거기에서 오고 간 대화들을 약점으로 삼아 이용하는 것은 비겁한 일이다.

성공마인드

"남에게 돈을 빌려줄 때에는 증인을 세우고, 적선할 때는 아무도 보지 않는 데서 하라." - 유태인의 격언

원하는 스타일로 자기를 만들어가는
7가지 공식

1) 마음의 문을 연다.

내 것은 옳고 상대방의 것은 그르다는 생각을 버려라. 마음의 문을 열면 교류가 된다.

2) 자기 스타일을 바꾸는 능력을 믿는다.

"하면 된다"는 자신이란 남이 가르쳐서 생기는 것이 아니라 스스로 행동함으로써 얻어진다.

3) 한 번에 한 가지씩 한다.

많은 단점이 있어도 단번에 모든 것을 바꾸려고 해서는 안 된다. 한 번에 한 가지씩 하는 인내심을 기르는 것이 필요하다.

4) 독서를 생활화 한다.

자기 스타일, 자기완성에 대한 많은 책들이 있다.

이것이 나의 후원자가 되고 인도자가 된다.

5) 자기에게 암시를 한다.

긴장을 풀고 매일 15분씩 명상을 하라.
그 속에서 자기가 변화되어 가고 있다는 것을 암시하라.

6) 자기를 분석한다.

자기 자신을 통찰하면서 하나하나 원인을 찾아낸다.
그리고 미련 없이 버릴 것은 버리는 것이다.

7) 역할 연기를 한다.

자기 인생의 배역을 만들고 원하는 타입의 인물을 그리며 대사까지 만든다.

혼자 하기가 힘들면 상사, 동료, 가족 누구나 상대역으로 설정할 수 있다. 내가 맡은 역할에 충실할 때 그 역할의 주인공과 같은 인물로 변화되어 가는 것이다.

성공하려면 성공한 사람처럼 행동 한다는 것이 그래서 중요하다.

Part II
명심해야 할 성공정신

에디슨과 함께 연구에 몰두하던 연구원이 말했다.
"에디슨씨, 이번 발명을 위해서 만 번 정도 실패를 경험한 것 같은데요."
그러자 에디슨이 대답했다.
"젊은이, 내가 볼 때 그것은 만 번의 실패가 아니요.
나는 이제 효과가 없는 만 개의 방법을 알아냈다고 생각하오."
성공적이란 바로 이와 같은 것이다.
성공정신으로 자신을 무장시켜라. 실패가 침입할 틈이 없도록.

빚지지 말라

남에게 도움을 주었을 때 보수를 바라서는 안 된다.

이와 반대로 만약 남한테 도움을 받았으면 늘 그것을 염두에 두고 언젠가는 그것을 갚으려고 노력해야 한다.

남에게서 받은 은혜는 잊어버리고 남한테 대한 원한의 감정만을 가지고 있다면 그것은 스스로의 운명을 슬프게 하는 결과가 될 것이다.

사람이 끈끈하게 원한과 복수심을 가지고 있는 것은 큰 길로 향할 수 있는 자기의 운명을 좁은 골목으로 몰아넣고 마는 것이다. 사람은 누구나 불우할 때가 있고 또 원한을 품게 되는 한두 가지 경험이 있다.

그 괴로운 일들을 하나의 시련으로 생각해야 한다. 사람은 시련을 견디고 이기지 못하면 결코 소기의 목적을 달성할 수 없다.

흔히 사람들은 금전이나 물질에 관한 것만 빚으로 생각하는데 그렇지만은 않다. 심리적인 베품을 받았을 때도 그것은 빚이며 두

세 배로 상대방에게 갚아주어야 한다. 또 그것을 상대방은 몇 배로 되돌려 준다. 그리고 그것이 성공의 발판이 되는 경우가 많다. 빚이 많은 사람은 성공할 수 없다.

성공마인드

"성공의 비결은 목적을 향해 시종일관하는 것이다."
- 디즈레일리

하나님은 우리에게 무거운 짐을 주셨다
그러나 짊어질 어깨도 주셨다

"사람의 일생은 무거운 짐을 등에 지고 먼 길을 가는 것과 같다"는 말이 있다.

흔히들 현대를 스트레스 사회라고 말하는데 이 치열한 경쟁 속에서 스트레스를 받지 않는 사람은 아마 거의 없을 것이다. 성공을 위해 뛰는 사람은 더 많은 압박과 스트레스를 받는다. 그러나 거기에 굴복하면 성공은 요원해진다.

나의 자세 여하에 따라 이 치열한 경쟁도 의욕적으로 헤쳐나갈 수 있으며 힘든 일도 얼마든지 즐겁게 할 수 있다.

즉, 중요한 것은 진취적인 자세로 당면 문제에 임하느냐 아니면 발뺌만 하려 드느냐에 따라 스트레스가 될 수도 있고 반대로 사기가 충전될 수도 있다는 얘기다. 즐겁게 일을 하노라면 오히려 상쾌함이 남을 것이다.

하나님은 우리에게 무거운 짐을 주셨다. 성공을 꿈꾸는 자는 더 많은 짐을 짊어져야 한다.

그러나 짊어질 어깨도 주셨음을 잊지 말라.

매일매일 마음을 새롭게 하여 경쾌한 마음으로 스트레스에서 벗어나라.

> **성공마인드**
>
> "돈은 벌기는 쉽다. 하지만 돈을 쓰기는 더 어렵다."
> - 유태인의 격언

부하를 부리려면 상사는 세 배 일을 하라

이 세상에서 독불장군은 있을 수 없다.

사람이 어떤 조직에서, 어떤 위치에서, 어떤 일을 하더라도 성공하려면 반드시 다른 사람의 지원과 협조가 있어야 한다. 적극적인 태도는 바로 타인의 지원과 협조를 받을 수 있는 지름길이다. 일본의 마쓰시다 전기의 창업주인 마쓰시다 고노스께는 적극적인 태도는 자석이라고 하였다.

이 말은 적극성은 사람을 끌어들이게 한다는 뜻이다. 내가 소극적일때 남을 나에게 끌어들이지는 못한다.

옛말에 **"주인이 머슴을 부릴 때는 머슴의 세 배 일을 하여야 한다"** 는 말이 있다. 내가 적극적일 때 남이 나를 도와주게 되는 것이다. 따라서 평소에 소극적이고 무기력한 자세는 자기에게 백해무익하기 때문에 나는 운이 없다, 나는 재수가 없다, 나는 팔자가 나쁘다, 나는 해서 되는 일이 없다 등등의 표현은 절대로 해서는 안 되며 항상 자신만만하고 적극적인 태도를 가져야 한다.

끝없이 도전하라

인생은 종종 길에 비유된다. 험한 길을 지나가지 않으면 평탄한 길도 만날 수 없다.

오늘보다는 내일, 올해보다는 내년이라는 미래의 길을 향해 성장해 가야 한다.

성공을 꿈꾸는 자는 매일 바쁘게 보내고 있다. 항상 목표를 가지고 일을 하는 사람은 향상되어 간다.

성공할 수 있는 사람은 일을 통해서, 사람과의 만남을 통해서 성장한다.

그렇게 하기 위해서는 모든 일에 관심을 가지고 항상 일에 적극적으로 몰두해야 한다.

성공하고 싶은 자는 자신의 일에 최고가 되어야 한다. 그렇게 되기 위해서는 자주성을 가지고 일에 몰두하는 것이고, 또 하나는 도전정신을 몸에 익히는 것이다.

사람의 생활이란 산 넘어 또 산이다.

첫째 산을 넘으면 평탄하리라고 생각하지만 꼭 그렇지만은 않으며 앞에 더 큰 산이 있을 수도 있다.

그러므로 무수히 노력하고 도전정신을 지속시켜야만 성공할 수 있다. 어떠한 산이라도 넘어서고 말겠다는 결심을 하고 행동하지 않으면 아무 것도 하지 못한다.

성공마인드

"실패를 두려워하지 마라. 실패란 전에 했을 때보다 훨씬 풍부한 지식으로 다시 일을 시작할 수 있는 기회인 것이다." - 포드

때론 감동할 수 있는 여유도 남겨두라

감동의 정도나 방법은 사람마다 다르다.

같은 영화, 같은 장면, 같은 풍경을 보고도 어떤 사람은 감동하는가 하면 감동하지 않는 사람도 있다. 사람마다 성격이나 사고방식이 다른 것처럼 감동도 다른 것이 당연하다.

감동에 다소간의 차이가 있더라도 감동하는 마음을 상실해서는 안 된다.

성공을 꿈꾸는 사람일수록 그냥 열심히 일만 할 것이 아니라 여러 가지를 보고, 듣고 하여 감동하는 마음을 길러 두어야 한다.

감동하는 마음을 잃어버리면 사회인으로서나 비즈니스맨으로서 크게 성장할 수 없을지도 모른다.

훌륭한 사람과의 만남이나 목표를 달성하는 것 등에 아무런 감동도 받지 않으면 곤란하다.

강한 감동을 받을수록 좋다. 거기에서 감사하는 마음이나, 의욕, 새로운 용기가 생기는 것이다.

감동도 없이 맹목적으로 성공만을 추구하는 사람은 그저 고통스러울 뿐이다. 일에 재미를 발견하는 것도 불가능하다. 감동하는 마음을 가지고 일에 몰두해야 한다.

우리가 늘 부딪치는 일들은 기계가 아니라 인간이다. 상대방의 마음을 꿰뚫어보기 위해서는 역시 마음밖에 없다.

마음이 녹슬어서는 사업도 잘 할 수 없다. 감동할 수 있는 마음의 여유를 잃지 말도록 하자.

성공마인드

"부자를 칭송하는 사람은 그 부자보다는 돈을 칭송하는 것이다."
- 유태인의 격언

근심, 걱정에서 자신을 해방시켜라

　당신이 지금 근심하는 일들이 무엇인가, 다시 한 번 생각해 보라! 누가 나를 원망하고 있는지 모른다. 또는 무슨 일이 실패할지 모른다. 혹은 도둑이 들어올지도 모른다.
　이런 걱정이면 지금 당장 떨쳐 버려라! 아직 나타나지 않은 불확실한 일에 대해서 미리 걱정할 것은 없다. 불행의 가능성을 미리 생각하고 걱정한다고 해서 상황이 좋게 되지는 않는다. 그것은 다만 심신을 소모하고 오늘 할 일에 지장이 될 뿐이다.
　사람이 공상이나 또는 불확실한 일에 대한 걱정을 떨쳐 버린다면 현실적으로 걱정될만한 일은 그다지 많지 않다. 걱정의 90%는 오늘 일이라기보다 내일이나 장래의 일들이다. 그리고 이미 저질러진 불행에 대해서 자꾸 근심하는 것도 바보스러운 일이다. 엎질러진 물을 그릇에 다시 담을 수 없듯이 걱정하고 괴로워한다고 전과 같이 될 수는 없는 일이다. 걱정해도 소용없는 걱정으로부터 자기를 해방시켜라! 그것이 마음의 평화를 얻는 현명한 길이다.

운명 노이로제에서 벗어나라

어떤 여자는 한 남자와 생활을 못하고 늘 나쁜 성품이나 혹은 속임수를 가진 남자를 만나 헤어지곤 하는 일이 있다.

이 여자는 악운에 붙들렸기 때문일까?

그러한 사람의 행동을 관찰해 보면 늘 같은 조건 하에서 상대방을 선택하고 있는 것이 발견된다.

전자의 운명을 밟지 않으려면 다른 조건 하에서 상대방을 구할 것인데, 그 행동이 다람쥐 쳇바퀴 돌 듯 같은 테두리를 벗어나지 못하고 있다. 이러한 사람은 그 자신이 악운에 붙들린 것이 아니고 소위 "운명 노이로제"에 걸린 것이다.

대다수의 사람들이 이처럼 운명 노이로제에 걸려 성공을 미리 포기하는 일이 있다. 운명 노이로제에 걸리는 대신 다음과 같이 생각하라!

지금 일어나고 있는 괴로운 일들은 앞으로도 있을 것이며, 나뿐 아니라 다른 사람들도 겪고 있는 일이다.

또 이렇게 생각하라!

그와 같은 일들은 오늘 처음 있는 괴로움이 아니고 과거에도 있었던 것이며, 지금은 다 잊어버리고 무관심하게 되었을 뿐이라는 것을.

지금 자신을 괴롭히고 슬프게 하고 있는 일들은 하나의 시련이라고 생각하라. 쇠는 달궈야 굳어진다. 당신도 지금의 그 시련을 통해서 더 굳은 마음을 얻게 되는 것임을 알라.

모든 새로운 욕망은 새로운 곤궁의 시작이다.

성공마인드

"성공하기를 바라는 자는 마음의 안정, 정신의 평화, 그리고 자존심까지도 포기하여야 할 것이다." - 힐티

산은 올라가는 자에게만 정복된다

구하면 얻을 수 있다!

젊은 사람들은 이 말을 잘못 해석하고 선반위의 떡이 떨어지기를 기다리고 있다. 그러나 선반 위의 떡은 저절로 떨어지지 않는다. 바라는 물건이란 오로지 산과 같은 것이다.

저쪽에서는 기다리고 이쪽에서는 틀림없이 찾아갈 수 있는 것이다. 그러나 길을 찾아 올라가야 한다. "누가 나를 데리러 올 것이다". 이렇게 생각하고 있는 게으름뱅이들은 결코 산을 정복할 수 없다. 사람들은 걸핏하면 사회는 부당하다고 말한다. 그렇게 말하는 쪽이 부당한 것이다. 사회란 스스로 원하지 않는 것을 결코 주지는 않는 법이다. 원하는 것을 얻기 위해 다양한 방법을 쓰고 인내해야 결과를 얻는 법이다.

산은 올라가는 자에게만 정복되는 것임을 알라!

운명은 그 사람의 성격에서 만들어진다. 또 성격은 그 사람의 일상생활의 습관에서 만들어 진다.

그러기 때문에 오늘 하루 좋은 행동의 씨를 뿌려서 좋은 습관을 거두어들이도록 하지 않으면 안 된다.

좋은 습관으로 성격을 다스린다면 성공이란 그때부터 새로운 문을 열수가 있을 것이다.

> 성공마인드
> "성공의 지름길은 첫째 일을 사랑하는 것."
> – 츄크

신념으로 극복하라

　대개 희망은 있으면서 실제로는 사업에도 일에도 뛰어들지 못하고 있는 사람이 있다. 이런 사람은 실패를 두려워하는 것이다. 왜 실패를 두려워하는가 하면 그 일을 달성하기까지의 고난이나 난관을 미리 생각하기 때문이다. 이런 실패병, 난관병에 걸린 사람에게 말하고 싶다. "당신은 왜 적극적인면은 조금도 생각지 않고 어려운 점만 생각하는 거요!"
　그는 난관을 미리 세세히 계산해 보는 것이 현실적인 생각인줄 알고 있다. 어떠한 일이든지 난관이 없는 일은 없다. 또 돌파할 수 없는 난관도 없는 것이다. 난관 앞에 목을 움츠리지 말라고 하고 싶다.
　곤란한 점을 세고 있어서는 개인이나 사회나 아무런 발전도 없는 것이다. "그러나 그 곤란한 경우를 무슨 수로 극복할 것인가." 그 사람은 다시 물을 것이다. 대답은 간단하다.
　"신념으로 극복할 수 있는 것이다." 곤란을 돌파하는 데는 자기가 지닌 신념을 무기로 한다.

   사람들은 재주나 수단을 찾지만 가장 중요한 재주와 수단은 신념인 것을 모르고 있다. 신념이 강하면 그것으로 충분한 것이다.

성공마인드

"세상에서 성공을 거두기 위해서는, 남에게 사랑받는 덕과 남이 두려워 할 만한 뚜렷한 소신이 필요하다." - 주베르

사회의 변화를 앞질러라

　오늘은 은행장의 자리에 있지만 앞으로 언제까지나 그 자리에 있으라는 보장은 없다. 그 은행장 뿐 아니라 우리는 모두 내일도 어제와 같은 조건으로 생활할 것이라는 보장은 되어 있지 않다.
　사람은 누구나 시간의 흐름에 따라 늘 새로운 환경에 부딪치게 되어 있다. 그 새로운 환경에 대한 대응방법에는 두 가지가 있다. 하나는 적응하는 것이고 하나는 저항하는 것이다. 사회는 변화하고 있으므로 그 변화를 쫓아갈 뿐 우리는 사회의 진보와 변화를 막을 수는 없다. 새로운 교육을 받은 기술자가 우리가 차지한 자리를 물리치고 들어앉는 것을 막으려고 해서는 안 된다. 딴 길을 개척하든지, 혹은 자기가 더 공부하고 연구해서 새 기술자보다 더 우수하거나 혹은 독특한 기술을 몸에 지니는 것이 필요하다. 새 기술자를 협박하고 때리는 행위는 변화된 새 환경과 싸우자는 것인데, 그 결과는 자기의 인간성을 파괴하는 것밖에 안 된다. 언제든지 환경에 대한 공격은 자기 자신의 파멸로 결과를 맺게 되는 것이다.

성공은 누구나 이룰 수 있다

사람은 누구나 성공하고 싶어 한다.

어떤 사람에겐 그것이 하나의 병과 같이 되어 자나깨나 머리에서 떠나지를 않는다. 성공하기란 그렇게 어려운 것이 아니다. 다만 그 방법을 터득하지 못하기 때문에 성공을 못하는 것이다.

성공병 환자들은 대개 남의 성공을 시기하는 마음이 강하다. 시기 끝에 욕하고 중상모략을 하게 된다. 이런 방법으로는 절대로 성공하지 못한다. 또 자기 능력이나 실력을 생각하지 않고 단숨에 2단 3단 뛰어 올라 가려는 사람도 성공하지 못한다. 일시적인 성공은 있을지 모르나 머지않아 떨어지고 말 것이다.

성공을 하려면 남을 떠밀지 말고, 또 제 힘을 측량해서 무리하지 말고, 뜻한 일을 한눈팔지 말고 묵묵히 전진해 나가야 한다.

평범하지만 이것이 성공을 이루어 주는 요술 주머니이다.

타인에게 의존은 금물, 스스로 해결하라

극히 소수의 사람을 빼놓고는 대부분의 사람들이 정도의 차이는 있지만 대개 어떤 불안한 느낌 속에서 그날 그날을 생활하고 있다.

이 불안한 느낌은 생활의 불안에서 오는 것이라기보다는 인간의 본질적인 곳에 뿌리박고 있다고 보아야 할 것이다. 어린 아이가 원하는 것을 얻지 못하거나, 또는 어머니가 외출할 때면 우는 것은 불안의 표시이다.

즉, 어릴 때의 불안감이 어른이 되어서는 다른 형태로 나타날 뿐이다.

우리가 스스로 애쓰지 않더라도 외부의 어떤 힘에 의해서 보호를 받고 있다고 생각하는 경우의 안정감은 어린 아이가 부모를 의지하는 거나 다름없는 심리이다. 아이가 부모의 품을 의지 하듯이 어른들도 무엇인가 의지할 품을 찾고 있는 것이다. 그 의지할 품을 종교에서 찾는 사람도 있고 혹은 어떤 훌륭한 인격 속에서 찾는 사람도 있고 또는 권력에서 찾는 사람도 있다. 그러나 어른에게 있어서 안정감을 얻기 위한 근본적인 기반은 외부의 힘보다는 자기에 대한 믿음에 두어야 할 것이다.

즉, 자신의 능력으로써 가난을 이겨 내고 자기가 원하는 만족을 얻는 힘을 갖추었다는 믿음에 두어야 할 것이다. 우리가 아직 어떤 외부의 품안을 의지 삼는다는 것은 어린아이의 심리를 벗어나지 못한 것이 될 것이다.

성공마인드

"성공에는 아무런 속임수도 필요 없다. 나는 보통 사람들보다 약간 더 양심적으로 노력했을 뿐이다." - A. 카네기

자만하지 말라

어떤 점에 있어서 자기가 남보다 뛰어났다 하더라도 그것을 의지하지 않는 것이 좋다.

또 어떤 점에 있어서 자기가 남보다 열등하더라도 그것을 걱정할 필요가 없다.

잘난 사람도 다른 점에 있어서는 남만 못할 것이며 못난 사람도 다른 점에 있어서는 남보다 나을 수 있다. 자기를 뛰어났다고 생각하는 것은 도리어 무거운 짐을 짊어진거나 다름없다. 즉, 그는 정신적으로 늘 부담을 느낄 것이다. 사실인즉, 본인이 생각하는 만큼 뛰어난 것도 아니다. 그런 생각은 결과적으로 본다면 그를 고립시키고 진보를 막게 하는 우려가 있다. 자기가 남보다 못하다는 열등의식도 하나의 정신적 부담을 가하는 일이며 자칫하면 남을 시기하고 혹은 고독에 빠지기 쉽다. 당신에게 부족한 것은 다른 것으로 메우도록 하라.

어떠한 결점이 있기 때문에 다른 방면으로 유능하게 된 예는 얼마든지 있다. 공부를 못했기 때문에 운동 방면으로 진출해 성공한 사람이 있고 대학을 가정 사정으로 중퇴한 탓으로 취직을 단념하고 상업계로 나가서 몇년 후에는 큰 상점의 주인이 된 사람도 있다.

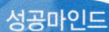

"최후의 승리는 출발점의 비약이 아니다. 결승점에 이르기까지의 견실과 노력이다."
- 워어너 메이커

주위에서 힌트를 얻어라

별안간 뜻하지 않은 막대한 유산이 굴러 들어온다든지 하는 것도 하나의 운인 것은 틀림없다. 그러나 이런 경우는 매우 드문 일이며 실제로는 사람의 운이란 저쪽에서 굴러오는 것이 아니라 운은 가만히 있고 이쪽에서 손을 내밀어 잡아당겨야 한다.

하늘에 두둥실 떠 있는 구름이 있다. 그 구름은 무심코 볼 수도 있고 그 구름의 움직임과 색깔을 연구할 수도 있다.

산기슭에 사과나무가 있는데 그 무르익은 열매를 아름답게 볼 수도 있고 혹은 왜 익은 사과가 나무에서 떨어지는가 의문을 느낄 수도 있다. 화가나 염색공장 기사가 구름의 색깔에서 "힌트"를 얻어 그의 작품이나 혹은 제품에 응용한다면 구름은 그들에게 운을 열어 준 것이 된다.

만유인력의 원리를 발견해 내어 과학의 진보에 박차를 가한 "뉴턴"의 발견도 사과나무를 보지 않았다면 세상에 나오지 못했을지도 모를 일이다. 이런 의미에서 구름도 사과나무도 그것을 대하는 사람의 태도에 따라서는 하나의 운을 열어 주는 물건이 될 수 있다는 것이다.

　이러한 운은 우리 주위에 무수히 굴러다니고 있다. 이쪽의 마음이 그것을 이용할 줄 아는 것이 운을 불러들이는 요건이 된다고 할 것이다. 인생에 "찬스"가 적은 것은 아니다. 다만 그것을 볼 줄 알고 또 붙잡을 줄 아는 의지를 가진 사람이 드물 뿐이다.

성공마인드

"당신의 목표를 다 말하라. 나는 모호하거나 의심스러운 것을 좋아하지 않는다."
- 스코트

실패에 기죽지 말라

흔히 사람들은 어떠한 일을 시작해 놓고 그 일이 실패할까 전전긍긍하며 조바심을 한다.

"만약 이번 일에 실패하면 나는 망한다! 자살이라도 해야 하겠다."

그런 사람에게 필요한 것은 이런 충고이다.

"왜 당신은 자기 일에 자신을 못 가지시오? 만약 오늘 실패한다면 또 내일이 있지 않소!"

"나는 내 자신을 믿을 수가 없습니다."

그는 이렇게 말하며 눈에 안 보이는 운명의 손이 자기를 보호해 주기만을 바랄 것이다. 이러한 사람의 심리를 파악해 보면 일종의 자기 열등감에 사로잡혀 있는 것이다.

자신을 가지라는 것은 인생을 적극적인 면에서 포착하는 것을 의미한다.

실패 없이 걸어가기만을 원하기 때문에 패배감이나 열등감의

노예가 되는 것이다.

"이번에는 실패해도 이 다음에는 성공할 수 있다. 두 번째 실패했지만 세 번째는 일어설 수 있다." 이 같은 굳은 의지가 큰 힘을 줄 것이다.

성공마인드

"바쁜 사람은 눈물을 흘릴 시간이 없다."
– 바이런

오늘 할 일은 오늘로 끝내라

우리는 우리가 할 수 있는 일이 무엇인가를 알고 있다.

혹은 분명히 목표가 정해져 있지 않더라도 어느 정도 방향을 가지고 있다. 그리고 오늘 무엇을 해야할 것인가도 마음속에서 대략 그리고 있다.

오늘 할 일이 아무리 작은 일이라도 소홀히 해서는 안 된다.

현재 당신이 종사하고 있는 일이 당신의 마음에 들지 않고 당신이 희망하는 길과는 다른 것이라도 당신에게 주어진 그 일을 소홀히 해서는 안 된다.

사람은 가끔 그에게 주어진 일을 열심히 성의 있게 하는 동안에 처음의 희망과는 다른 방향으로 대성하는 수도 있다.

또 현재의 일이 직접 우리의 희망과는 관계가 없더라도 먼 장래에 자산이 되는 경우도 있다.

헨리 포드는 처음부터 자동차 사업에 성공할 포부로 자동차 공장의 사원이 된 사람은 아니었다. 자동차 공장의 사원이 되어 그 일에 흥미를 가지고 자기 맡은 일을 열심히 하는 동안에 한 계단 한 계단 올라가서 세계 제일의 자동차 기업주가 된 것이었다.

목표와 방향이 뚜렷하지 못할 때라도 그날 그날 자기 할 일을 충실히 해 나가는 사람은 길이 열린다.

오늘 할 수 있는 일, 해야 할 일을 하는 것이 오늘의 과제이다. 그것은 앞날을 기약하는 한 알의 씨앗이다.

성공마인드

"길은 가까운 곳에 있다."
- 맹자

자기의 결점에 예속되지 말라

우리가 살아가는 동안에 자연스럽게 여러 가지 경우와 경험에 부딪친다. 그 여러 가지 경우와 경험에서 자기를 발견하게 되는 수가 많다. 자기의 현재의 위치를 잘 알고 앞으로 나갈 방향을 단단히 잡아야 한다. 자기가 자신만만하게 생각되던 일이 사실은 대단치 않은 것임을 발견할 때도 있으리라! 또 그 반대로 자기가 실망으로 알았던 일이 그리 큰 걱정이 아님을 발견할 때도 있으리라!

하나의 조그마한 결점에 불안감을 느끼지 말고 좀 더 자유스런 기분으로 나가는 것이 필요하다.

불안과 긴장 속에서 성공을 구해서는 안 된다.

한 번의 실패나 실수에 대해 "히스테리"가 되어 누적돼 있으면 이러한 감정은 스스로 자기를 압박할 것이다. 사람은 대개 자기 자신이 만들어낸 감정 때문에 긴장하고 불안에 쌓인다.

이러한 자기 속박의 감정을 벗어버리고 자유롭고 안정된 상태를 보존한다면 그것이 얼마나 유익한 일인지 모른다.

오늘의 실패를 내일의 성공으로 생각하라!

나는 어떠한 사람인가?

우리들은 이 세상에 있어서 자기 자신의 위치나 능력이 어떠한 것인가를 알고 싶어 한다.

그리고 장래 어떠한 운명 아래서 살게 될 것인가를 두려워한다.

그리하여 점쟁이를 찾아가서 장래의 운명을 물어보기도 한다. 그러나 점쟁이도 남의 앞일을 알 수는 없다. 우리가 우리의 위치나 능력에 대해서 어떤 의심을 갖는 것은 이미 불안정한 자신을 인정하고 있는 것이다. 남을 심판하지 말라는 말이 있는데, 그보다는 내가 나를 심판하지 말 일이다. 내가 이미 저질러 놓은 일에 대해서는 나를 책망하지 말라는 것이다. 이것은 그릇된 일을 합리화 하자는 것이 아니고 자기가 자신을 학대하는 괴로움에서 벗어나기 위한 것이다.

사람은 그 양심의 괴로움을 피하고자 자기가 한 일을 속이거나, 혹은 그 때문에 남을 원망하기 쉽다. 이것은 더욱 사태를 나쁘게 할 뿐이다. 그렇기 때문에 이미 기정사실화 되어버린 잘못은 그 당시의 감정이나 기분으로선 어쩔 수 없는 일이었다고 긍정해 버리는 것이 좋다.

일단 긍정하고 자기 책망하기를 그만둔다면, 첫째 마음이 평안해진다. 평안한 마음으로 돌아온 뒤엔 자기가 저지른 잘못에 대해서 전후 곡절이 거울에 비치듯 스스로의 눈에 보이게 될 것이다. 때문에 일단 저지른 일에 대해서는 더 이상 자기를 책망하지 않는 것이 오히려 새로운 출발에 도움이 된다.

성공마인드

"만족하게 살고, 때때로 웃으며, 많이 사랑한 사람이 성공했다."
- 스탠리 부인

게으름으로부터 자신을 경계하라

"레모라"라는 이름의 고래는 아무리 큰 배라도 가지 못하게 막아버린다고 한다. 옛날에 바다에 배를 띄우는 사람들은 폭풍보다도 이 "레모라"라는 고래를 더 무서워했던 것이다.

이 "레모라"와 같은 훼방꾼이 우리의 마음속에도 가끔 나타난다.

돌이나 쇠라도 뚫을 듯한 불 같은 의지와 정열도 그 훼방꾼에게 걸려들면 중단되고 만다. 사람의 마음속에 있는 "레모라"는 바로 태만, 즉 "게으름"이라는 점이다. 게으른 마음이 한 번 머리를 치켜들면 힘찬 정열도 삼켜 버린다. 사람의 정신속에서 가장 강한 것은 게으른 마음이다.

우리가 성공하고자 한다면 먼저 이 게으름에 맞서 싸워 승리를 쟁취해 내라.

자기 자신을 믿어라

지나친 자신감은 경계해야 하지만, 합당한 자기 신뢰는 자기 발전에 없어서는 안 될 원동력이다.

재능에 있어서 "나는 그렇게 될 신념이 없다!" 하고 처음부터 단념해 버린 탓으로 기회를 놓친 사람이 적지 않다. 자신의 재능을 미리부터 포기해서는 안 된다.

더구나 눈 앞에 기회가 왔을 때는 절대 뒷걸음질을 하지 말라!

자유스런 기분으로 자기의 능력과 재능을 펼치면 얼마든지 뻗어 나갈 수 있다는 믿음을 가지는 것이 필요하다. 그 길을 막을 사람은 아무도 없다는 것을 알아야 한다. 나의 향상을 위한 이런 노력을 막을 사람은 나 이외에는 아무도 없는 것이다. 불안정하고 변화무쌍한 이 세상에서 가장 유익하고 견고한 것은 자신의 노력과 능력에 대한 그와 같은 자신과 신뢰에 있는 것이다.

때로는 버릴 줄도 알라

사람들은 얻기에만 바쁘고 버릴 것에는 무관심하다. 그러나 얻는 길은 버리는 길이기도 하다.

이익에만 신경 쓰지 말고 스스로 손해를 보는 데에 도리어 묘미가 있다. 화초를 잘 키우려면 그 옆 잡초를 뽑아버려야 한다. 버린다는 것은 손해나는 일이다.

그러나 버림으로써 좋은 꽃과 열매를 얻는다. 착하지 못한 일, 올바르지 못한 일, 떳떳하지 못한 일, 이런 일에는 스스로 빠지도록 하라! 함께 하지 못하고 빠지는 일은 외형으로는 마이너스지만 그것이 오히려 이득으로서 돌아오고 있다.

남들이 놀러 가는데 당신만은 그 축에서 빠졌다고 하자! 이것은 손해이지만 만약 당신이 남과 어울리지 못한 그 시간을 다른 일을 위해서 이용했다면 손해로 그치지 않고 하나의 이익을 만들어 내는 기회가 된다. 사람은 얻는데 바쁘지만 버릴 것을 버릴 줄 아는 것이 성공의 조건이 되는 것이다.

먼저 좋은 친구가 되도록 노력하라

　애정에는 두 가지가 있다. 혼자 독점하고 싶은 강렬한 소유욕에 속하는 애정은 불행의 원인이 되기 쉽다. 담담하면서 다정한 관심과 흥미, 이러한 애정이 오래가고 또 성공의 요건이 된다.
　진정 성공을 이룰 수 있는 사람은 사람을 대하기 좋아하고, 남의 특징이나 개성을 존중하고, 남의 장점을 기쁘게 받아들인다. 그리고 나와 접촉하는 사람의 이익과 기쁨에 대해서 자유를 주려고 하며, 결코 그 사람을 지배하고 그 사람의 이익과 기쁨을 제한하려거나 방해하려고는 하지 않는다.
　남의 것을 탐내고 시기하고 자기에게 없는 것을 마음 아프게 생각하는 사람은 적어도 그 마음 때문에 불행한 위치에 서 있는 것이다.
　괴로움이라는 것은 늘 독점하고 싶은 욕심, 남의 장점이나 행복을 자기 밑으로 깎아내리고 싶어하는 데서 생긴다.
　남의 특색과 장점 때문에 내가 괴로워 할 것은 없는 것이다. 남의 슬픔이나 괴로움 때문에 내가 슬프거나 괴로워 할 필요가 없듯이 늘 자기의 위치를 보전하는 것이 필요하다.

　사람은 좋은 친구가 생기기를 기다리는 것보다 내 스스로가 좋은 친구가 될 때에 행복한 것이다.

성공마인드

"사람을 위대하게 만드는 것은 노동에 의해서 얻어진다. 성공이란 것은 노동의 산물이다." - 스마일즈

피로가 오기 전에 쉬어라

몸이 피로하면 정신적으로도 괴로운 상태에 빠진다. 다시 말하자면, 피로하기 때문에 고민이 스며드는 것이다. 의학적으로 보더라도 피곤은 추위와 더위, 그리고 병에 대한 신체적인 저항력을 약하게 만든다. 또 정신병 학자는 말하기를 사람이 피로하면 공포와 고민의 감정에 대한 저항력이 약화된다고 하였다.

가슴이 떨리고 머리 어지러움 따위는 피로에서 오는 수가 많다.

그렇기 때문에 피곤한 상태에 빠지지 않도록 주의해야 한다. 피로를 물리치면 아울러 고민을 물리칠 수가 있다. 과로했는데도 불구하고 계속해서 일을 하는 것은 결코 좋지 않다.

편안히 쉰다는 것은 무엇보다도 효과 있는 약이다. 신경과민에서 오는 어떤 심적 불안이나 초조, 그리고 감정에서 오는 마음의 동요 같은 것도 푹 쉬고 나면 자연히 사라지는 것이다.

신경이 예민하고 감정이 날카로워지는 것은 대개 피로가 쌓여서 생기는 것이니 무엇보다도 피로를 없애는 것이 필요하다.

속상한 일로 마음이 흥분했다가도 하룻밤 푹 자고 나면 그 감정은 자취를 감춰버리고 없다. 그러기 때문에 피곤하거든 무엇보다도 먼저 쉬어라!

한 번 피로가 밀려오기 시작하면 빠른 속도로 우리의 몸을 엄습하게 된다. 피로가 오기 전에 휴식을 취하면 일을 시작하기 전에 맑은 상태를 회복할 수 있다.

미국 육군에서는 보다 효과적인 행군을 하기 위해서 한 시간에 십 분씩 휴식을 시키고 있다. 군대 생활에 단련된 장정이라도 무거운 장비를 지참하고 계속해서 몇 시간을 행군하면 지쳐버리고 만다.

한 시간에 십 분씩 휴식을 시킨 결과 훨씬 더 장거리를 행군할 수 있었다고 한다.

피로가 오기 전에 피로를 막아 내면 언제나 피로하지 않고 일할 수 있다.

세계 제 2차대전 중 칠십 고령의 "윈스턴 처칠"은 영국의 전시내각을 지휘하면서 매일 열여섯 시간이란 격무에 시달렸다. 몇 해 동안을 그와 같이 계속하기란 실로 놀라운 일이 아닐 수 없다.

그렇다면 그 비결은 어떤 것이었을까? 처칠의 하루의 일과는 다음과 같았다.

아침 열한시까지 그는 침대 위에서 여러 가지 보고서를 읽었고, 명령을 내렸고, 또한 전화로 중요한 일들을 의논했다. 점심 후에는 모든 일을 젖혀 놓고 약 한 시간 동안 낮잠을 잤다. 그리고 저녁 식사 후에도 약 두어 시간 수면을 취했다. 그리고 맑은 정신으로 일어나서 일을 보다가 밤이 늦으면 다시 침대에 들어가 아침까지 푹 잤다. 그는 피로라는 것을 느끼지 않았고 피로를 회복할 필요가 없었다. 언제나 피로가 오기 전에 휴식했기 때문이다.

세계 최대의 큰 재산을 이룩한 미국의 사업가인 "존 D 록펠러"는 98세까지 장수하였는데 그는 매일 정오 때면 사무실에서 한 시간 동안 낮잠을 자는 습관이 있었다고 한다. 그가 낮잠 자는 그 시간에는 미국 대통령이라도 그를 전화기 앞에 불러 낼 수가 없었다.

휴식이란, 쓸데없는 시간 허비가 아니다. 휴식은 즉 회복이다.

짧은 시간의 휴식일지라도 회복시키는 힘은 상상 이상으로 큰 것이니 단 5분 동안 꾸벅꾸벅 조는 것으로도 피로라는 적에 대해서 기선을 제압할 수 있는 것이다.

미국 야구계의 거인 "코니 막"은 시합을 시작하기 전에 낮잠을 자지 못하는 날엔 5회 가까이 가서 피곤해진다고 하였다. 그러나 단 5분 간이라도 낮잠을 잔 날은 조금도 피로를 느끼지 않고 2회전을 일관되게 꿋꿋이 싸울 수 있었다고 말했다.

쉬지 않고 연습하라

십리 밖에 돈 뭉치나 금덩어리가 떨어져 있다면 누구나 앞 다투어 뛰어 갈 것이다. 십 리 아니라 백 리 길이라도 멀다 않고 부지런히 서로 앞을 다투며 갈 것은 틀림없다.

이 점으로 본다면 본래 게으른 사람이란 없다고 할 수 있다.

일정한 시간을 걸어가면 돈 뭉치나 금덩어리를 얻을 수 있다는 확실한 목표 앞에서는 아무도 게으름을 피우지 않을 것이다.

그러나 사람들은 자기가 원하는 물건이 어디쯤 있는지 모르는 데서 스스로 주저하여 게으름보가 된다고 할 수 있다.

그러나 세상에 손꼽히는 사업가들 중 청년시절부터 자기가 백 퍼센트 사업에 성공하리라는 자신을 가지고 출발한 사람은 없다.

유명한 학자나 예술가들 중 처음부터 그가 학자로서 대성할 것을 보장 받은 일은 없을 것이다. 물론 학자가 되겠다, 혹은 예술가가 되겠다는 포부는 지녔을 것이지만 그가 대성하기까지에는 불안을 느끼며 한 걸음 한 걸음 걸어 왔던 것이 사실이다.

그러나 성공한 사람들은 모두 하나같이 쉬지 않고 부지런히 그 뜻하는 방향을 향하여 걸었던 것이다.

성공이 클수록 그 뒤에는 그 만큼 큰 노력이 숨어 있다. 결국 사람은 모두가 노력한 만큼 부지런한 만큼 성공한다는 공약수가 나온다.

헛수고 할까봐 걱정하지 말고 먼저 부지런히 목표를 향하여 노력하라. 노력한 만큼 반드시 보상이 올 것이다.

성공마인드

"시작이 좋으면 일은 순조롭게 되어가는 법이다."
- 소포클레스

외면적 성공보다는
내면적 성공을 위해 노력하라

성공에는 외면적인 것과 내면적인 것의 두 가지가 있다. 일반 사람들이 바라는 것은 외면상의 성공이다.

그러나 인생에 있어서의 참된 성공은 높은 인간적 완성과 진실로 내용적으로 실력을 갖춘 활동력에 있다.

외면적인 성공과 내면적인 성공이 일치하는 경우라면 더 말할 것 없이 좋은 것이지만 때로 이 두 가지는 상반되기도 한다.

마음이 고상한 사람은 불확실한 성공을 이유로해서 정신적으로 좌절하는 일은 극히 드물다. 그러나 반대로 지나치게 빠른 성공이나 너무나 완전한 성공 때문에 좌절하는 사람은 이루 말할 수 없이 많다.

이 사실은 무엇을 말하는 것인가?

내면적 성공 없이 외면적 성공에만 집착하는 것은 모래 위에 지은 집과 같이 무너지기 쉬움을 의미한다. 때문에 외면적 성공에 앞서 내면적 성공을 위해 노력하는 자세가 필요하다.

성공은 권모술수에 있지 않다

　이 세상의 재물은 많은 사람들이 나눠 가질 수 있을 만큼 풍부하지가 못하다. 아무튼 경쟁에 이긴 소수의 사람만이 재물에 의한 행복의 소유자가 될 수 있다. 이것이 현실이니 무슨 수단 무슨 술수를 써서라도 경쟁의 승리자가 되는 수밖에 없다.
　이러한 생각이 현대의 대부분의 사람들의 머릿속을 차지하고 있다.
　성공을 가져다주는 것은 수단과 술수라고 믿는 사람들이 많다.
　모든 사람들이 도덕적인 입장을 버린다면 어떻게 될까?
　사회는 치고 밀고 덮치는 난장판이 되고 말 것이다.
　아니, 그 난장판은 차라리 불문에 부치고 그런 사람이 과연 그의 소신대로 성공을 하고 행복을 얻을 수 있을 것인가를 알아보자.
　그들은 가장 현실적이라고 생각한 수단과 술책이 실제로는 전혀 무의미하다는 것을 알게 될 것이다. 권모술수를 성공의 수단으로 여기는 사람으로서 성공한 사람은 없다.

미래의 성공한 자신의 모습을 그려라

어느 유명한 신문의 편집국장에게 기자가 질문을 했다.
"당신은 어떻게해서 유명한 일류 신문의 편집국장이 되셨나요?"
"되고 싶으니까 되었나 봅니다."
"그것이 이유입니까?"
"이유의 전부는 아니라도 적어도 커다란 이유임에는 틀림없습니다."
편집국장은 말을 이었다.
"나는, 사람들이 목표를 정하고 꼭 그 목표에 도달하겠다고 굳은 결심을 가지면 반드시 목적을 성취한다고 믿습니다. 자기의 목표를 마음속에다 굳게 사진을 찍어두는 것이 필요하지요!"
그리고 그는 무엇인가 적은 카드 한 장을 꺼내 기자에게 보이면서 말했다.
"이것이 나의 좌우명인데 매일매일 나는 이것을 되풀이해서 읽었습니다. 그 결과, 이 글은 나의 확고한 사상이 되었습니다."

카드에 적힌 글은 다음과 같았다.

"자립 독행하며, 적극적이면서, 매사에 낙관적이며, 그리고 자기가 맡은 바 일을 성취하리라는 확신을 품고 일 하는 사람은 자기의 환경을 향상시킬 수 있다."

성공마인드

"달성하겠다고 결심한 목적을 단 한번의 패배 때문에 포기하지는 말아라."
– 세익스피어

시간은 충분하다는 생각을 가져라

많은 사람들이 무슨 일을 못한 이유를 "시간이 없다"는 점으로 돌린다.

시간이 없다는 것은 대부분의 경우 핑계에 지나지 않는다. 그렇지 않으면 유용하게 시간을 쓰지 못한 탓이다.

하루의 시간은 제한되어 있는 것이지만 매일매일 시간을 정해 놓고 일을 하는 사람들에게는 상상 이상으로 많은 일을 할 수 있다.

한 가지 일이 지루할 때는 잠깐 대상을 바꿔보는 것도 방법이다. 대상을 바꾸면 그 다음 일은 휴식과 전혀 다름없는 상태가 오는 것이다.

일이란 어느 정도 인내로써 진행되는 것이지만 일이 바뀌면 새 정신이 나는 법이다.

일이란 한데 뭉친 큰 덩어리는 아니다. 매일매일 어느 분량을 나눠서 극복할 수 있는 조그만 조각들인 것이다.

오늘은 오늘 할 만한 조각과 씨름하면 족하다. 한꺼번에 무리한 분량을 처리하려고 서둘지 않아도 좋다.

내일 할 일은 분배해 두었다가 내일이 되면 적절한 분량을 처리하면 되는 것이다.

성공마인드

"최고 위에 오르려는 자는 최저 위에서 시작하라."
- 큐로스

한 가지 일에 집중하라

위대한 발명가 에디슨의 부인에게 기자가 그의 남편은 어떤 태도로 일하는가를 물었다.

부인은 다음과 같이 대답했다.

"연구실에서 돌아올 때는 상당히 피로한 것 같습니다. 한참 연구에 열중하다 보니 몸이 피로했던가 봐요. 그럴 때는 집에 돌아와서 너댓 시간 푹 잠을 잡니다. 자고 나서는 다시 연구실로 돌아갑니다. 남편은 자기 연구 이외의 일에는 머리를 쓰지 않습니다."

사람이 한 가지 일에 정신을 집중시키면 그 힘이 얼마나 위대한 것인가를 증명해 준다.

또 사람들이 얼마나 자기의 가장 중요한 일 이외에 그 귀중한 정력을 낭비하고 있는가를 알 수 있다.

모든 낭비는 삼가야 한다. 금전상의 낭비보다는 노동의 낭비, 정력의 낭비에 가장 주의하라!

무익한 일에 당신은 많은 노력을 낭비한 일은 없는가?

당신의 피곤함이 정말 유익한 일을 위해서의 피곤함인가를 생각해 보라!

아무 가치 없는 일에 정력을 소비하고 그럼으로써 피곤한 것이 아닌가?

몇 푼의 금전상의 이해관계에는 민감하면서 어찌 정력의 낭비, 유익하지 못한 노동에는 무관심한가?

성공마인드

"매일 내 자신을 새롭게 하라! 몇 번이라도 새롭게 하라! 내 마음이 새롭지 않고서는 새로운 것을 기대하지 못한다." - 동양 명언

현재 처해있는 고민을 털어 놓아라

믿을 만한 사람 앞에서 고민을 이야기하고 나면 훨씬 기분이 가벼워지는 것을 우리는 경험한다. 이는 마음속에 꾹 들어앉았던 것들이 밖으로 배출되기 때문이다.

고민을 마음에 담아둘수록 그 사람 자신을 해하는 결과가 된다.

어떤 사람은 고민을 잊어버리기 위해서 일에 열중하는데 그렇다고 고민이 사라지지는 않는다.

고민 속에는 대개 스스로 야단치는 자책의 감정이 들어 있다. 자기가 무엇인가 잘못하고 죄를 지었다는 의식이 고민으로 발전한다.

관용이라는 것은 남에게만 필요한 것이 아니라 자기 자신에 대해서도 필요한 것이다.

신경쇠약, 불면증 같은 것은 모두 그 원인이 자책의 감정에서 온다. 자책이 심하면 자학하게 된다. 평화는 관용에서만 얻을 수 있다는 것을 늘 명심할 필요가 있다.

흔히 성공을 향해 질주하는 사람은 가정을 등한시하는 경향이 있다.

그러나 그것은 옛말이며 요즘 출세한 사람들은 끔찍하게도 가정을 챙긴다.

가정으로 돌아가라. 남편, 아버지로서의 역할에 에너지를 투자하라!

결혼생활의 실패는 당신이 아직 미숙한 사람임을 증명하는 좋은 척도가 될 뿐이다!

성공마인드

"감사하며 받는 자에게 많은 수확이 있다."
- 블레이크

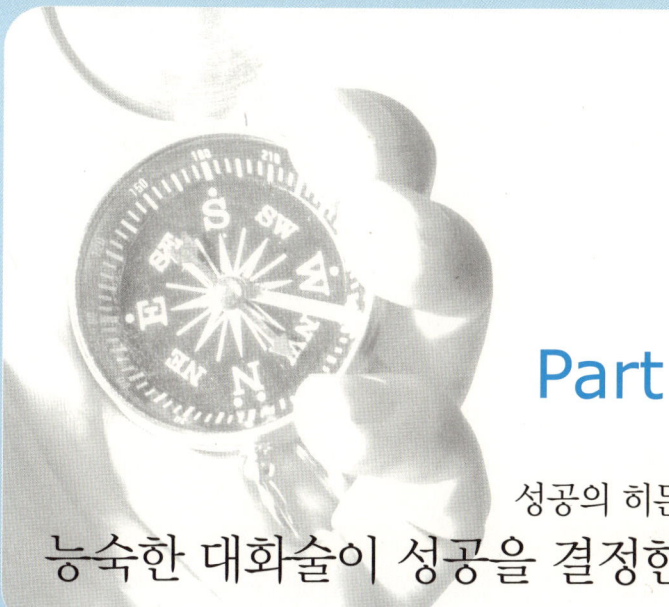

Part Ⅲ

성공의 히든카드
능숙한 대화술이 성공을 결정한다!

고객을 설득시키지 못하는 세일즈맨. 대중을 설득시키지 못하는 정치가.
이들은 바로 대화의 실패때문에 성공의 대열에서 벗어나고 있다.
대화로 시작되는 비즈니스의 세계,
대화에 자신이 없다면 일의 결과는 명약관하다.
현재의 위치에서 만족할 수 없는 성취인들을 위해
교섭술의 "방법"을 전수한다.

능숙한 대화술은 성공할 수 있다

인간의 일생은 말로 시작하여 말로 끝난다고 해도 과언이 아니다. 우리는 의식이 있는 한 끊임없이 누군가와 대화를 나누며 생활한다.

아기는 울음으로 자신의 의사를 밝히고 자라면서 언어를 배워 다양한 방법으로 자신을 표현한다.

인간은 살아있는 동안 끊임없이 말하고 말을 듣는다. 말이 없는 인간생활은 상상할 수 없다.

대화의 필요성은 인간이 사회생활을 영위 하는데 있어 거의 모든 부문에서 요구된다.

오늘날과 같이 과학이 고도로 발달하고 버튼 하나만 누르면 컴퓨터가 알아서 모든 일을 처리해 주는 시대에서는 대화의 필요성이 더욱 강조되고 있다.

대화의 필요성을 인식하지 못하거나 무관심한 사람은 인생 항로를 순탄하게 항해하지 못하고 성공을 내 것으로 할 수가 없다.

고객을 설득시키지 못하는 세일즈맨, 대중을 설득시키지 못하는 정치가, 부하를 설득시키지 못하는 상사, 재판관이나 배심원을 설득시키지 못하는 변호사, 자녀를 설득시키지 못하는 부모, 여자를 설득시키지 못하는 남자 등 이런 사람들은 대화의 중요성을 깨닫지 못해 성공 항로에서 벗어나고 있다.

사람이 사람과 대화를 나누고 상대방을 설득하여 자기 뜻대로 움직이는 힘을 기른다는 것은 현대생활에 있어, 성공과 승리를 보장받고 보다 충실한 인생을 보장하는 자격증을 따내는 것과 마찬가지이다.

우리는 인생에 필요한 모든 것을 타인을 통해 얻으며 타인과 함께 나누고 공유한다.

사회적 지위도, 명성도, 부도, 풍요로운 삶도 타인이 있어야 존재한다.

이렇게 귀중한 타인과 잘 지내고 원활한 의사소통을 하며 생활해 나가기 위해서는 그에 적절한 방법을 익혀야 할 것이다.

대화에 능숙한 사람이 되라

대화의 중요성을 알고 의식적으로 행동하는 사람이 인생을 충실히 영위한다고 했지만 실제로 어떤 식으로 행동해야 성공적인 대화를 나누는 것인지를 한마디로 설명하기 어렵다.

말을 잘하고 못하고에 따라 처음 만나는 사람에게 전혀 다른 인상을 준다. 여기서 좋은 인상을 주는 사람과 그렇지 못한 사람은 인생 항로를 항해하는데 큰 차이가 있다.

"나는 말을 잘 못해서."

"그렇게 설명했는데도 알아듣지 못하니."

전자는 기술적인 결함이 문제이고, 후자는 듣는 사람의 청취능력에 문제가 있는 것이다. 아마 전자의 경우는 대화술이 부족한 듯하고 후자는 설명을 잘했는데 상대방이 제대로 이해하지 못한 듯하다.

그런데 후자의 경우 설명하는 입장에서 적절한 표현을 했다면 상대방이 알아듣지 못할 리가 없다는 생각을 전제할 때 문제는 말하는 사람의 대화능력에 있다는 것을 금방 인식하게 될 것이다.

이런 사람은 상대방의 입장에서 설명하는 것과 상대방의 마음에 호소할 수 있는 힘을 가진 정신적 에너지가 필요하다는 것부터 알아야 한다. 원활한 대화의 성패여부는 기술에 있는 것이 아니라 상대방의 마음에 얼마나 절실히 와 닿고 공감을 느끼게 하는가에 달려 있다.

중국의 병법에 "적을 알고 나를 알면 백전백승"이란 말이 있다. 서로의 마음이 통하는 대화, 목적을 달성하기 위해 상대방의 마음을 움직일 수 있는 힘을 기르자면 우선 자신의 말하는 방법과 듣는 방법부터 파악하고 인간 심리를 움직이는 원동력을 알아야 좋은 인상을 주는 달변가로 인정받을 수 있다.

대화의 내용을 상대방이 알아듣지 못했다 해서 상대방을 탓할 일이 아니다. 알아듣지 못하도록 설명한 당신에게 허물이 있다. 대화에 능숙한 사람이 되려면 우선 인간학 전문가부터 되어야 한다.

"저 사람 속은 알 수가 없어?"

"저 사람은 바보야."

"도대체가 무슨 생각을 하고 있는 거지?"

이런 말을 한 적이 있다면 상대에 대해 얼마나 무지한지 각성하라.

"이해하기 힘든 사람까지 이해하면서 어떻게 사나? 난 나답게 살겠어."라고 말한다면 대화를 잘하고 못하고 와는 무관하게 앞으로의 사회생활에 난관이 예상된다.

열 사람을 만나 얘기를 나눈 뒤 다섯 사람 정도 마음이 통했다고 생각된다면 자신의 대화능력을 한 번쯤 의심해 보라. 문제의 실마리는 회의에서 발견된다고 한다. 대화가 잘 통하지 않는 것을 남의 탓으로 돌리는 사람은 무슨 일을 하든 성공하긴 어렵다. 비즈니스로 상면하는 모든 상대에게 좋지 못한 인상을 줄 것이고 이로 인해 일의 진행에 갖는 문제들을 야기할 것이다.

이런 관계를 무시하고 남의 탓으로 돌리며 대화술 익히기를 거부하는 사람에게 인간의 존재를 이해시키기는 매우 어렵다. 이런 사람은 가치 있는 인생을 설계하기도 어렵거니와 때에 따라서는 스스로 무덤을 파는 꼴을 자초하게 된다.

대화에 능숙한 사람은 인간 존재에 대해 잘 알고 있다. "인간이란 무엇인가?"라는 명제에 대해서는 수많은 철학자, 과학자, 종교인 등이 다각도로 연구 사고해 왔다. 아리스토텔레스는 "인간은 사회적 동물이다"라고 했고, 소크라테스는 "인간은 이성을 가진 동물이다"라고 했으며 파스칼은 "인간은 생각하는 갈대이다"라고 논했는가하면 또 다른 평론가는 "인간은 본래 선한 존재인가, 악한 존재인가. 동물적인 존재인가, 신성한 존재인가"라는 논쟁도 끊임없이 이어져왔다.

인간이 어떤 존재인가에 대한 해답은 달과 화성에까지 우주선이 발사되고 최첨단 컴퓨터가 산업을 관리하는 현재에도, 미래에도 찾아내기 어려울 것이다. 그러나 인간에 대해 너무 어렵게만 생각하는 것은 좋지 않다. 즉 세상을 가능하면 단순하게 생각해 보자는 것이다.

"인간은 세상의 다른 모든 것들과 다를 바 없다"는 식으로. 이 말에 반론을 제기할 사람도 있을 것이다. 인간은 타고난 성격이나 환경, 사회적 지위 등에 의해 그 사고방식의 모양이나 행동 양식이 꼭 같지 않다. 그러나 인간 표면에 드러난 사고나 언동의 측면이 아니라 인간 내면 깊숙한 곳에 자리 잡고 인간의 마음을 조절하는 기쁨, 슬픔, 유쾌함, 불쾌감, 분노, 두려움 등의 일반적인 감정적 측면은 그렇지 않다.

예를 들어 아들이 죽었는데 기뻐할 부모가 있을까?
돈이 너무 많다고 자살할 사람이 있을까?
예의 바른 행동에 불쾌해 하는 사람이 있을까?
욕을 먹고 즐거워할 사람이 있을까?
배신당하고 감동할 사람이 있을까? 등.

분명 인간의 감정을 자극하는 근본적인 원인은 같을지 모르나 표면에 드러나는 형태는 사람마다 다르다. "신은 인간을 평등하고 동일한 형태로 창조하였다"라는 말이 있지만 꼭 그렇지만은 않다. 최소한 대화에 있어 인간의 사고와 능력, 행위는 분명한 차이를 보이는 것이다.

의욕이 없으면 행동이 따르지 않는다

"인간은 무엇인가?"라는 질문에 "인간은 바로 자신과 같은 존재이다"라는 답변에는 무리가 없다. 즉 모습은 달라도 인간의 심정을 가졌다는 점만은 이 세상 모든 인간은 동일한 존재이다. 이 사고방식을 대화에 적용하자면 다음과 같은 이론을 추출해 낼 수 있다.

· 내가 싫어하면 상대방도 자신을 싫어한다.
· 내가 좋아하면 상대방도 자신을 좋아한다.
· 웃는 얼굴로 대하면 상대방도 웃는 얼굴로 대해준다.
· 내가 진지하게 말하면 상대방도 진지하게 들어준다.

이런 상호작용을 나열하자면 끝도 없겠지만 문제는 자신이 어떤 태도를 취하는가에 따라 상대방의 태도도 달라진다는 것이다. 따라서 우선 자신의 모습부터 관찰, 분석해보면 자기 이외의 사람을 어떻게 대하면 좋을지 방법을 모색할 수 있다.

자신에 대해 분석하라.

자신이 어떤 태도로 대화에 임하면 상대방의 마음에 와 닿을 것인가? 자신이 어떻게 행동하면 상대방의 마음을 자기의 뜻대로 조종할 수 있을 것인가를.

오늘날 고도로 발달된 행동과학이 해명한 인간 행동의 근본은 타인을 움직이는 동일인은 자신의 마음에 잠재하고 있는 욕망, 소망, 충동 즉 인간의 욕구 그 자체이다.

당신이 남에게 말을 하여 설득시키고 조종하려는 것은 뭔가 원하는 것, 즉 목적이 있기 때문이다.

인간의 내부에는 욕구가 행동의 원동력으로 잠재하고 있고 이 욕구에 의해 인간은 다양한 행동을 하게 된다는 인간행동과 욕구의 상관관계는 이미 많은 행동과 학자들에 의해 입증되었다.

어떤 욕구를 가졌던 그것이 행동으로 이행되기 위해서는 공통된 하나의 법칙성과 방향성이 필요하다.

즉 "내게 이익이 되는 것을 지향한다"는 것이다.

여기서 말하는 이익이란 단순히 경제적 이익만을 의미하는 것이 아니라 보다 넓은 의미를 갖고 있다.

불만과 부족함을 메우고 싶은 욕구, 과시하고픈 욕구, 인정받고 싶은 욕구, 사랑받고 싶은 욕구 등의 다양한 형태의 욕구에 자극받아 먼저 그 결과를 상상한 다음 이익을 얻을 수 있는 "욕구를 충족시켜 줄 수 있는"쪽으로 행동한다.

인간의 욕구와 행동과의 관계를 대화 측면에서 생각해 보면 방법론에 대한 유익한 암시를 얻게 되며 자신에게 이익이 되는 것을 지향하기 위해 말 잘하는 능력은 절대적으로 필요함을 인식하게 된다.

인간은 욕구를 지닌 동물이란 점, 죽을 때까지 끊임없이 욕구를 추구하는 왕성한 에너지야 말로 인류가 다른 동물과는 달리 언어라는 유익한 도구로 오늘날과 같은 문명사회를 구축하게 된 원동력 이었다고 한다. 그 에너지는 욕망에 불을 붙이고 자신의 욕구를 충족시키기 위해 대화를 나누게 된다.

이제 우리는 대화가 사회생활 영위에 얼마나 중요한 것인지 알았다.

이제부터는 성공을 향한 첫걸음으로 타인과 처음 만났을 때 당신의 첫인상을 좌우하는 대화의 모든 것에 대해 알아보자.

좋은 첫 인상은 두 번 다시 만들 수 없다

중국 속담에 "좋은 첫 인상은 두 번 다시 만들어지지 않는다"는 말이 있다.

우리는 생활을 하면서 전혀 알지 못하는 누군가에게 첫 인상을 주고 있다. 영업직이나 전문직에 종사하는 사람일 경우 첫 인상은 매우 중요하다. 업무 상황보고, 인터뷰, 전화응대, 상담, 분쟁해결 등 매일 매일의 비즈니스 세계에서 수많은 사람과 만나고 이때 첫 인상의 느낌에 따라 당신에 대한 이미지가 결정된다.

시시각각으로 상황이 변하는 비즈니스 세계에서는 거래, 승진, 교섭의 성패여부는 상대방과 만난 짧은 시간 안에 결정된다. 얼굴을 마주하고 앉아 본론으로 들어가기까지 약 2분~4분, 전화일 경우 몇 초 안에 승부가 결정된다.

첫 인상이란 당신에 대한 느낌을 타인은 어떻게 느끼는가, 즉 처음 만난 당신에게 타인은 어떤 느낌을 받는가 하는 것을 의미한다. 여기에는 당신의 외관, 얼굴표정, 복장, 단어 구사력, 음성조절, 눈길, 태도 등이 모두 집약되어 그것이 당신이란 사람이 어떤 인물인지를 대변해주는 자료로써 사용된다.

만약 그 첫 인상이 좋았다면 당신은 여러 면에서 유리한 혜택을 받게 되지만 첫 인상이 나빴다면 회복하는데 상당한 노력과 시간을 요하게 된다. 결국 한 번 지어보인 첫 인상을 철회하기란 어려운 일이므로 타인과 만날 때에는 의식적으로 좋은 인상을 지어보이도록 노력해야 함에도 불구하고 가벼운 마음으로 임하는 사람이 의외로 많다는 사실이 놀랍다.

사건을 유리한 쪽으로 이끌어가야 하는 변호사, 대규모 거래를 따내야 하는 비즈니스맨, 곤란한 입장을 모면해야 하는 의무를 띠고 기자회견에 임하는 회사 간부, 유권자의 마음을 끌어야 하는 정치가, 종업원의 능력을 최대한으로 발휘시키도록 지도 관리해야 하는 경영자, 취직을 희망하는 면접자 등등, 무언가를 원할 때 그것을 성취할 수 있도록 좋은 인상을 주는 것은 대단히 중요한 일이다.

그리고 가장 좋은 인상을 주는 사람에게 실권과 신용, 덕망이 한 몸에 모이게 되는 것이다.

지금부터 당신이 처음으로 누군가를 만났을 때 어떤 일이 발생하는지 상세하게 얘기해 보자. 이제부터 거론할 내용은 각 분야의 전문가가 철저하게 조사한 것이다.

성공적인 대화를 위한
4가지 요소

이 내용을 이해한다면 당신은 자신이 의도하는 대로 좋은 인상을 지어보일 수가 있고 또 타인의 행동과 속마음을 읽어낼 수도 있게 될 것이다. 대화를 멋지게 구사하기 위한 첫걸음으로서 다음 4가지 질문에 대한 해답부터 알아보자.

- 나는 타인의 눈에 어떻게 보일까?
- 내 목소리는 타인에게 어떻게 들릴까?
- 무엇을 말해야 할까?
- 나는 남의 말을 얼마나 잘 들어주고 있나?

이 4가지 질문에 대한 해답에 따라 자신의 대화 방법이 좋은지 나쁜지를 판단하는 중요한 자료를 얻을 수 있다.

또 이 내용의 이해를 통해 당신의 신체언어 "보디랭귀지", 음성조절, 단어선택, 표현, 타인의 얘기 경청방법 등을 상황에 따라 변형시킨다든가 멋지게 조정할 수 있는 구체적인 방법을 알아내는 데 뿐만 아니라 임기응변의 지식으로도 활용해 주길 바란다.

우선 자신은 어떤 유형의 대화법을 사용하는지부터 파악해 내는 것이 성공을 위해 반드시 필요하다. 특히 비즈니스계에 종사하는 사람들의 업무수행은 거의 대화에 의해 이루어지고 있으나 자신이 어떤 식으로 대화를 행하고 있는지에 대해 알고 있는 사람이나 또 알려고 노력하는 사람은 극히 드물기 때문이다.

눈을 뜨고 있는 시간의 대부분을 우리는 누군가에게 얘기하고 혹은 누군가의 얘기를 듣고 토론하고 있음에도 불구하고 대부분의 사람들은 자신이 남의 눈에 어떻게 비칠 것인가, 무엇을 말해야 할 것인가 혹은 어떻게 청취해야 하나 등에 대해서는 거의 주의를 기울이지 않고 있는 실정이다.

학문적인 조사결과에 의하면 처음 만난 사람에게 어떤 식으로 말해야 하나 그리고 그것을 말했을 때 나라는 존재는 어떻게 비칠 것인가 하는 문제가 실제로 말로써 표현되는 내용보다 훨씬 중요하다고 한다. 만약 상대방이 당신을 처음 봤을 때 매력을 느끼지 못하고 최초의 2분에서 4분 정도의 시간 내에 당신의 말에 귀를 기울이려 하지 않는다면 당신이 아무리 박식한 지식을 자랑하고 권위를 표시한다 해도 상대방은 십중팔구 당신의 말에 관심을 표현하지 않을 것이다.

그렇게 된다면 당신이 진실만을 호소하는 변호사라 할지라도,

최상의 물건을 판매하는 세일즈맨이라 할지라도, 국민을 위해 훌륭히 일 할 수 있는 후보자라 할지라도 부정적인 생각을 품게 되어 정반대의 결과를 초래한다.

남과 대면하는 최초의 몇 분간은 상대방의 시선을 끌기 위해 최대한 노력해야 하는 시기이며 이때의 느낌은 가장 오랫동안 지속되며 가장 강렬한 인상을 머리에 아로새긴다. 사람은 본능적으로 자신을 보호하려는 본성을 갖고 있어 누군가를 대하면 무의식적으로 상대방을 탐색하려 든다. 귀와 눈을 상대방에게 곤두세우고 최대한 많은 것을 보고 듣고 그 사람을 분석, 판단하려 한다. 첫 인상은 이 과정을 통해 이루어진다.

따라서 이때 좋지 못한 인상을 대뇌에 새기게 되면 차후에 아무리 노력해도 그 선입견을 변경시키기가 어려우며 이때 좋은 인상을 새겨 놓으면 그 다음 일은 별다른 노력 없이도 자연스럽게 받아들여 진다. 여기서 사람과 사람이 처음 만났을 때 발생하는 상황을 전문가들은 다음과 같이 제시하고 있다.

무조건 상대에게 인정 받아라

우선 사람은 가장 먼저 눈에 띄는 것에 주의를 집중하는 경향이 있다. 인간이 전혀 낯선 사람을 대했을 때, 그 사람에 대한 정보를 처리하는 과정은 일정한 순서에 의해 결정된다고 한다. 학자에 따라 약간의 견해 차이는 있으나 미국의 넌버벌 커뮤니케이션 (nonverbal communication)전문가인 알버트 메라비안은 다음과 같은 요소에 의해 인상이 형성된다고 한다.

"성별. 연령. 의견. 얼굴표정. 시선. 태도. 접근허용범위. 접촉" 이 8가지 요소와 비언어적 대화 요소가 실제로 많은 것을 언어대신 표현해 주기 때문이다.

"보는 것만으로 당신의 인상은 절반 이상 결정된다"라고 거의 모든 학자들은 공통적으로 주장하고 있다.

즉 당신이 아직 한마디도 하기 전에 상대방은 당신의 얼굴 표정, 몸짓 등의 "보디랭귀지"를 통해 이미 당신에 대한 자신의 입장을 55% 이상 결정해 버린다.

이어 인간은 귀에 와 닿는 소리에 주의력을 집중하는 성향이 있다. 모든 사람의 목소리에는 각기 다른 음색, 소리의 크기, 높이, 음절, 억양 등 다양한 특색이 담겨 있다. 서로 마주 보고 얘기할 경우 자신의 마음을 대화로써 38% 정도 전달 가능하다고 메라비언 박사는 주장한다.

전화로 통화할 경우 상대방의 얼굴 표정, 몸짓, 시선 등의 보디 랭귀지가 차단되므로 목소리가 차지하는 비중은 절대적으로 커지게 된다.

마지막으로 극히 일부이긴 하나 사용하는 단어에 주목하여 그 사람을 평가하기도 한다. 사용하는 단어로 그 사람을 평가하는 경우는 겨우 7%에 지나지 않는다고 한다. 이 말은 단어가 인상을 결정하는 데는 그다지 중요한 요소가 아니란 뜻은 아니다. 단지 상대방이 이미 당신을 바라본 다음 마음에 들어 하지 않는다거나 혹은 호감을 주지 않는 말씨로 첫 인상을 심어놓았을 경우 당신이 아무리 고상하고 유식한 단어를 골라 써도 이미 관심이 없기 때문에 주의를 기울이지 않는다는 뜻이다. 그러므로 보고 듣고 생각하는 3단계의 비중을 고려하여 좋은 인상을 뿌리 깊게 새기는 기술을 기르도록 하자.

자신은 남에게 어떻게 보일까?

　누군가가 당신을 처음 봤을 때 보이는 반응은 컴퓨터의 프로그래밍과 흡사하다. 우선 당신에 관한 정보를 몇 개 입력하여 그 정보를 토대로 당신이란 사람에 관한 특징을 만들어 간다. 만약 정보 처리 도중에 연령이라든가 성별 등의 가변 수에 의해 방해를 받으면 처리 가능한 다음 항목으로 진행하여 당신의 모든 것을 입력, 처리한다.
　예를 들어 여러 명의 사람이 한꺼번에 걸어갈 때 당신만이 유달리 키가 크다면 아무래도 당신에게 먼저 시선이 집중될 것이다. 심리학자인 낸시 헨리의 조사에 의하면 여성 집단에 한 사람의 남자가 끼어 있으면 그 남자는 왠지 실행력이 뛰어나 보이고 믿음직스러워 보이며 그 집단 중에서 가장 큰 권한을 갖고 있는 것으로 여겨져 특별한 주목을 받는다고 한다.
　그러나 그 반대의 경우 남자들 틈에 여자 한명이 끼어 있으면 실력과 무관하게 무시당하기 쉽다.

만약 성별이나 외견이 전혀 의외였거나, 생각했던 것과는 다르게 나타났을 경우 상대방은 당신에 대한 인상 형성에 있어 또 다른 평가요소, 즉 당신의 얼굴이나 태도, 버릇, 접근 허용범위 등에 눈을 돌린다. 이들 모든 관찰요소는 대개 앞에서도 말했듯이 보고, 듣고, 생각하는 순서에 의해 하나의 뚜렷한 이미지로 형성된다.

남이 당신에게 시선을 주었을 때 반드시 유달리 두드러지는 곳 "예를 들어 연령, 성별 혹은 외견"등 에 주목하는 것만은 아니다. 경우에 따라서는 상대방의 입장이나 경험이나 당신이 가진 기술이나 전문지식과는 거의 관계가 없는 부분이 먼저 포착될 수도 있다. 말하자면 당신의 사회적 지위나 얘기 내용보다는 악수하는 태도가 어떠한가, 혹은 말씨가 빠른가 느린가 등에 대한 인상이 더 강하게 남을 수 도 있다는 의미이다.

표정이나 몸짓 등의 "보디랭귀지"만으로도 자신이 말하고자 하는 내용의 절반 이상을 전달할 수 있으므로 첫 대면에 있어 "나 자신은 어떻게 보일까?"하는 문제가 중요한 문제로 대두되는 것이다. 악수하는 태도가 거만하게 느껴졌다거나 억양이 너무 강하다거나 무의식적으로 얼굴을 찌푸리는 등의 행동은 당신이 현재 교섭하고자 하는 업무의 내용, 예를 들어 상담이나 강연, 설득 등의 목적과는 전혀 관계가 없음에도 불구하고 결과에 대단한 영향을 미치게 되는데, 그 원인은 바로 그러한 행동을 취함으로 인해 상대방의 머릿속에 새겨진 인상에 달려 있다.

목소리로 관리능력을 판단할 수 있다

처음 만난 상대가 당신에 관한 비언어적인 정보를 처리하는 과정을 알아보자. 여기서는 목소리가 정보처리의 주요 자료가 된다. 심리학자나 언어 요법사들이 과학적인 실험으로 입증했듯이 목소리는 많은 정보원을 제공하는 중요한 요소이다. 그 사람의 목소리에는 그 사람의 인품이나, 사고방식, 심리상태, 감정, 현재의 입장 등이 그대로 드러나기 때문에 그 사람을 평가하는데는 유용한 자료가 된다.

예를 들어 생산성이나 노동의욕문제 전문가들은 감독자의 목소리가 어떤 가에 따라 종업원의 작업능률에 큰 영향을 미치고 있다는 사실에 주목하여 많은 연구, 실험을 통해 그 상관관계를 입증해 보이고 있다. 산업심리학자인 샌드라 시걸이 행한 흥미로운 연구 결과에 의하면 관리자의 목소리의 특징으로 대화가 어느 정도 잘 되고 있으며 관리방법이 어떤지 비교적 정확하게 판단해 낼 수 있다고 한다.

특히 그녀는 목소리의 높낮이와 속도에 관한 청각적 자극을 중심으로 실험을 하였는데 이 두 가지만으로 말하는 사람의 의도, 엄격함, 유연함, 인내력, 위험부담능력, 작업능률의 정도를 놀랄 정도로 정확하게 파악할 수 있다고 장담했다.

경영자나 관리직에 있는 사람들은 자기와 비슷한 위치에 있는 사람들의 목소리를 유심히 관찰해 보면 자신은 어떨 것인지를 유추해낼 수 있다고 한다.

"내 목소리가 남에게 어떻게 들릴 것인가?"에 대해 알고 있는 것과 전혀 의식하지 못하고 있는 것은 취직면접이나 기자회견, 설명회, 상담 등의 이해관계가 엇갈리는 공공장소에서는 현저하게 다른 결과를 초래한다. 변호사들은 특히 이 사항에 민감하다. 목소리의 높이나 크기를 상황에 맞게 적절히 조절하여 배심원이나 관람인의 마음을 조정한다. 비단 변호사뿐만 아니라 모든 경우에 있어 목소리의 높낮이와 크기만 조절하면 상대방의 감정을 자극하여 동정이나 인정을 얻어낼 수 있을 뿐만 아니라 때로는 긴장감이나 심리적 압박감을 주어 자신이 뜻한 바대로 상대방을 조정해 나갈 수도 있다.

미국의 모 상원의원은 유세 때 대중들 앞에서 우렁차게 연설하고 싶었지만 목소리만 크게 되면 혀가 말려들어 소리가 제대로 나오지 않는다며 언어 교정사를 찾아와 호소했다. 이 후보는 별의별 방법을 다 시행해 보았으나 천성적으로 큰 소리를 내기엔 음량이 부족하다는 판단을 받고 실의에 빠졌다. 여기서 언어교정학자는 그 후보가 소그룹의 사람들과 애기할 때는 무리 없이 소화해 낸다는 사실을 포착하고 그것을 최대한 살리도록 권장했다.

선거운동 때는 목소리가 굵고 큰 소리를 내는 해설자를 고용하고 선전은 거의 인쇄물을 중심으로 하고 본인은 대중에게 호의적인 인상을 주는 제스처를 많이 사용하되 기자회견이나 토론회, 방송 인터뷰 등은 가능하면 피하는 전략으로 가까스로 당선되었다.

성공마인드

"살아있는 실패작은 죽은 걸작보다 낫다."
- 쇼

무엇을 말할 것인가를 준비하라

비언어적인 요소와 음성에 의한 대화에서 최초의 몇 분 간에 메시지의 90% 이상이 전달된다고 해도 과언이 아니다.

그러나 좋은 인상을 주었다 하여 그것으로 문제가 해결된 것은 아니다. 첫 인상이 중요하다는 것은 처음에 좋은 인상을 심어놓고 그것을 이용하여 목적하고자 하는 일을 보다 효과적으로 이루자는 데 있다. 그렇다면 좋은 인상을 심은 다음엔 소기의 목적을 위해 무엇인가를 말해야 하는데 여기서 무엇을 어떻게 말하면 좋은 것인가가 문제의 핵심이 된다.

화술이란 것은 말할 당시의 청취자, 장면, 화제 등이 서로 상이하면 이미 전달되어 있는 비언어적인 인상이나 음성에 의한 메시지 등의 균형이 붕괴되어 앞서 노력한 결과가 제 구실을 다하지 못하고 흐지부지해진다.

표정이나 태도 등의 보디랭귀지, 음성, 언어를 총동원하여 구사하는 예를 하나 들어보자.

콘솔리데이티드 브랜즈사의 이미지는 소비자 한 사람 한 사람과의 연결을 확립 시키는데 노력하는 회사로 형성되어 있다.

사장인 아서버그만 자신도 그러한 이미지 확대를 중요시해 왔다. 그런데 어느 날 콘솔리데이티드 브랜즈사의 신제품을 사용하고 분개한 소비자 집단이 몰려와 항의하는 소동이 발생했다. 이 소식을 접한 버그만은 비서 번즈를 보내 정중히 사장실로 모셔오라고 했다.

소비자들이 금방 전투라도 벌일 기세로 사장실로 들어서자 버그만은 자리에서 벌떡 일어나 자기 책상에서 걸어 나와 한 사람 한 사람 앞에서 정중하게 악수를 하고 명함을 건네주며 자신을 소개하고 상대방의 이름도 일일이 물어보았다. 그리고 모두에게 의자를 권하고 마지막에 자신은 책상 귀퉁이에 비스듬히 기대앉았다.

그는 한 손은 책상을 짚고 다른 한 손을 무릎에 올려놓은 채 심각한 표정을 지으면서 항의 소비자들과 일일이 시선을 교환했다. 이윽고 버그만은 상의를 벗어 의자에 걸치며 친근감이 담긴 그러면서도 강경한 어조로 말을 시작했다.

"여러분은 지금 저희 회사 전제품을 보다 우수한 제품으로 개량시킬 아이디어를 제공하기 위해 오셨습니다. 먼저 심심한 감사의 말씀을 드리겠습니다. 자, 이제 토론을 시작해 볼까요?"

버그만의 태도, 말하는 방법, 상황이용 등은 실로 멋진 기술의 구사였으며 유능한 비즈니스맨다운 면모를 보여준 사례이다. 그리고 소비자를 중요시한다는 이 회사의 개념과도 일치하고 있다. 그의 태도는 지극히 개방적이고 모든 상황을 회사 선전에 이용할 줄 알았으며 문제가 발생해도 상황대처에 민감한 회사라는 걸 반영하고 있다.

그는 분노한 소비자들을 비서를 시켜 정중하게 사장실로 모셔왔고 일일이 악수를 하며 인사를 나눔으로써 화를 가라앉힐 시간을 주었으며 각자의 이름을 묻고 자신의 명함을 건네줌으로써 상대방에게 우월감을 갖게 하는 등 자신의 지위를 교묘히 이용하여 성난 군중을 얌전하게 만들었다. 그는 소비자를 중시한다는 개념을 강조하여 소비자의 아이디어를 공짜로 얻을 수 있었고 회사 선전에 유리하게 이용한 것이다.

자세히 살펴보면 실제로 버그만은 아무 것도 양보한 것이 없다.

일단 소비자들의 항의를 모두 수렴해 주는 것처럼 보이지만 단도직입적으로 토론을 시작하지 않고 한 사람 한 사람과 시선을 교환함으로써 자신의 위치를 부각시켰고 경의를 표하게 만들었다. 소비자가 몰려왔다는 것 자체가 제품에 문제가 있는 것임에도 문제점이란 말을 개량이란 단어로 대체시킴으로써 자기 회사를 변호했고 실제 사용해 본 소비자의 아이디어를 통해 해결책을 모색하는 등 모든 것을 자신에게 유리하게 끌고나간 셈이다.

말과 행동의 조화가 승리의 핵심

버그만은 신체, 음성, 언어의 세 가지 정보 채널을 유효 적절 하게 사용한 표본이다. 그는 무엇을 말하면 좋은가, 어떻게 말해야 좋은 인상을 얻을 수 있을 것인가에 대해 잘 알고 있는 대표적인 비즈니스맨이다.

첫인상을 좋게 만드는 데는 언어와 그 사용방법과의 균형을 맞추는 것이 무엇보다 중요하다.

만약 채널 하나라도 빗나가면 메시지 전달 과정은 어긋나 버린다. 즉 상대방은 "당신이 말하고자 하는 것"과 "당신이 말하는 것" 중 어느 것을 믿어야 할지 망설이게 되고 여기서 혼란이 야기된다.

로버트 로센탈과 벨라디 파울로의 연구에 의하면 대부분의 사람은 상대방이 말하고자 하는 내용보다는 몸짓이나 표정 등과 같은 보디랭귀지나 말씨 등에 더 주위를 기울인다고 한다.

이것만 봐도 말보다는 동작이 훨씬 웅변력이 있다고 볼 수 있다. 인간은 스스로 믿고자하는 것만 믿으려는 경향이 있다.

즉 남이 뭐라고 하던 자신의 눈으로 보고 자신의 귀로 들은 것만 믿으려 한다는 뜻이다.

여기서 예를 들어 언어와 동작의 조화가 얼마나 중요한지 알아보자. 순탄하게 출세가도를 달리는 한 관리직 남성은 자신을 미워하고 불신하는 사람이 있음을 알고 그 사람들 때문에 승진에 지장이 있지 않을까 무척 조바심하고 있었다.

그는 다른 사람들도 자신과 마찬가지로 회사를 위해 열심히 노력하고 실적을 향상시키면 승진할 수 있을텐데 괜히 자신을 질투하고 있다며 어떻게 해결해야 좋을지 묘안을 일러주길 요구하며 상담실을 방문했다.

이 남자는 상담실에 처음 들어왔을 때 만면에 웃음을 머금고 성큼성큼 다가와 자기 의자를 상담자의 책상 바로 옆에 당겨 앉았다.

그는 즉석에서 상담자의 이름 "친한 친구들이 부르듯이"을 부르며 상담자의 어깨를 두들기며 친근감을 표했다.

그리고 상담에 임하면서 팀워크라든가 타인의 기분을 중시해야 하며 부하와의 대화가 중요하다는 등의 얘기를 늘어놓았다.

상담자는 그의 말과 행동이 무척이나 다르다는 것을 느꼈고 그가 과연 자신이 생각하는 바대로 행동하는지에 대해 한 번이라도 생각해 본 적이 있을까 하는 의문을 품었다.

그는 모든 사람의 개인적 영역을 존중해줘야 한다고 주장하면서 상대방의 기분따윈 전혀 고려하지 않고 서슴없이 행동하였으며 부하들과의 대화를 중시한다고 하면서도 일방적인 지시를 내리기를 좋아하는 듯했다.

말하자면 그의 행동은 지극히 독단적이고 제멋대로였음에도 불구하고 그는 자신이 가장 합리적이고도 이성적으로 행동하고 있는 것으로 알고 있었다.

부하가 뭐라고 했을 때 상사로서 비위에 맞지 않으면 표정을 굳히고 위압적인 태도를 짓는 관리직의 구태의연하고도 무신경한 자세가 본인은 물론 그런 태도가 상대방에게 얼마나 나쁜 영향을 미치는지 전혀 깨닫지 못하고 있었다.

그러면서도 자신은 할 만큼 했는데 왜 미워하는 거냐고 부하를 원망하고 있었다.

"크리에이티브 리더십 센터"라는 비영리 연구교육기관의 조사에 의하면 출세에 장애를 받고 있는 남자에게는 "남의 약점을 자극하거나 타인에 대한 무신경한 태도"가 승진에서 탈락된 가장 큰 원인으로 작용하였다고 한다.

말하자면 아무리 능력을 인정받아도 대인관계가 좋지 못하면 평점이 낮아지고 조직에서 소외당한다는 뜻이며 인간은 상대적이다. 좋은 감정을 표현하면 상대방도 호의를 표시해 온다. 하지만 무시하는 태도나 좋지 못한 인상을 심어 놓으면 상대방은 모든 면에서 당신을 거부하고 억압하려는 태도를 취한다. 따라서 좋지 못한 인상을 심어주어 불이익을 초래할 필요는 없다고 생각한다.

대화의 통로는 상대방의 통로와 합치되어 진행될 때만 원활하게 이루어지며 일방적인 대화의 통로를 고집하면 대화의 내용은 극을 향해 치닫게 되어 전혀 다른 결과를 낳게 된다는 사실을 명심하여 상대방 입장에서의 대화 통로를 파악하는데 전념토록 하자.

성공마인드

"성공은 다만 행복의 한 요소가 될 수 있다."
- B. 러셀

상대방의 마음을 읽어라

사람과 사람 간에 이루어지는 대화에서는 무엇을 말할 것인가와 그것을 말하는 방법이 일치되지 않으면 원활한 대화가 이루어지지 않는다. 신뢰란 원활한 대화의 결과로써 산출되는 당신에 대한 믿음으로 대화의 조화가 없이는 생성되지 않는다.

조화를 이룬 대화는 그 무엇보다 강력한 힘을 가진 무기이다. 예를 들어 동일 내용의 메시지를 두 개 이상의 통로를 경유하면 전하고자 하는 내용을 보다 강조할 수 있다. 신입사원에게 우리 회사에 입사해 주어 고맙다는 인사말을 할 때 말로써 표현하는 것 이외에 눈에 기쁜 빛을 가득 담는다든가 표정을 밝게 하는 등의 표현방법을 추가로 곁들이면 진심으로 기뻐한다는 뜻이 전달되어 신뢰감을 느끼게 된다.

입으로만 강조하고 표정이 내용과 일치되지 않으면 알맹이 없는 대화가 되어 "소귀에 경 읽기 식"의 일방적인 대화로 전락한다. 상대방이 부하이든, 상사이든, 혹은 거래처이든 단 한마디의 말을 할지라도 호의적인 보디랭귀지를 최대한 구사하는 기술은 필요하다.

조화로운 대화의 위력은 당신 자신의 말솜씨 이상의 위력을 발휘한다. 외견, 목소리, 언어 등 언어적 및 비언어적인 특징이 그 사람 됨됨이나 기분 등에 어떻게 반영 되는가를 인식할 수 있다면 상대방이 적인지, 아군인지 가려내는 귀중한 무기를 손에 넣은 것이나 다름없다.

상대방의 마음을 읽어낼 수 있다는 것은 유리한 위치를 획득한 거나 마찬가지이므로 결과는 내 뜻대로 조종할 수 있게 된다.

조화로운 대화에 의한 좋은 첫 인상은 좋은 인간관계 확립을 위해서도 도움이 될 뿐만 아니라 실리적인 면에서도 상당한 이득이 있다.

회사 제품에 불만을 품은 소비자를 무시했다거나 고객 앞에서 상사가 부하를 꾸짖는 장면을 연출했을 경우 그 파급 효과는 상상 이상으로 위력을 발휘한다.

1995년 다이렉트 세일링 파운데이션의 연구 결과에 의하면 자사에 호의를 가진 소비자 한 사람을 획득할 적마다 5배의 추가비용이 가중된다고 했다.

그런데 만약 자사에 비호의적인 혹은 불만을 가진 소비자 한 명을 만들면 그 사람은 적극적으로 10명의 소비자에게 자신의 체험을 들려주어 삽시간에 적이 10으로 불어나고 이 10명은 다시 각자

10명씩의 주위 사람에게 전달하여 불만은 점차 소리 없이 확산되어 간다.

　말하자면 좋은 인상을 만들어내는 것도 중요하지만 더 중요한 것은 좋지 않은 인상은 절대적으로 금지해야 한다는 뜻이다.

성공마인드

"자기 일을 찾은 자는 복이 있다."
- 칼라일

상대의 말을 경청하라

뉴욕의 어느 은행에서 발생했던 실패담이다. 서비스업계에서 첫 인상이 얼마나 중요한지를 인식하지 못한 경영진이 합리적인 경영방침을 연구한 결과 5천 달러 이상의 금전을 출납할 경우만 출납 창구를 이용하게 하고 그 이하의 금액은 자동출납기를 설치, 이용하게 함으로써 인건비를 줄이려는 기막힌 방법을 고안했다.

그런데 날이 갈수록 은행의 예금액이 격감하여 그 원인을 조사해 본 결과 기계를 상대로 해야 하는 고객들은 한결같이 불만을 토로하며 다른 은행으로 구좌를 옮기고 있었다. 그들의 말은 이러했다. 기계는 입력된 내용만 취급할뿐 들을 수도 말할 수도 없으므로 손님들의 요구사항을 들어주지 못한다는 것이었다.

은행 측에서는 즉시 자동 금전출납기를 폐쇄하고 창구를 늘였지만 회복하기까지에는 상당한 시간이 걸렸다고 한다.

남의 말을 잘 들어주는 것은 좋은 첫 인상을 만드는 최종적인 요소이고 말을 들어줌으로써 대화가 시작되고 계속적으로 대화가 이루어진다.

대화에는 두 사람 이상의 인간이 필요하다는 사실을 잊지 말라. 상대방이 내 말을 잘 들어주지 않으면 그 사람에게 물건을 팔 수도, 업무를 의뢰할 수도 없다.

외견에서 좋은 인상을 풍기고 목소리도 달콤하고 상황에 정확한 단어를 골라 멋지게 구사한다 해도 자기가 말하는 데만 열성적이고 상대방의 말을 잘 들어주지 않는다면 어느 순간 대화는 단절되어 버린다.

조화로운 대화에는 잘 듣는 것과 잘 말하는 것 두 가지가 어우러져야 한다. 지위가 높아질수록 하루 일과 중 남의 말을 듣는데 소비하는 시간이 증가한다. 뿐만 아니라 메시지의 종류에 따라 듣는 태도도 달리 해야 하는 고충이 뒤 따른다.

누구든지 요령을 익히고 연습만 하면 남의 말을 잘 들어주는 사람이 될 수 있다. 이것만 익히면 대화는 시냇물 흘러가듯 원활하게 이루어짐도 알게 될 것이다. 누군가를 처음 대한다는 건 분명 부담스런 일이다. 차라리 문장으로 써내라면 고도로 세련된 단어를 구사하여 자신의 마음을 분명하게 표현할 수 있지만 사람을 직접 대면하고 마음을 표현하기란 생각만큼 쉬운 일이 아니다. 나 자신은 남의 눈에 어떻게 비칠까? 어느 정도의 빠르기로 말하면 좋을까? 얼굴 표정은 어떻게 지어보여야 할까? 등을 생각하면 불안하기 그지없다.

말하는 방법이나 단어의 선택보다 중요한 것은 몸짓, 표정 같은 보디랭귀지이다. 인터뷰나 실력평가, 입사면접, 상담 등의 모든 만남에 있어서 승부를 유리하게 이끌기 위해 나름대로 독특한 보디랭귀지를 고안해 두어야 한다. 보디랭귀지를 무시한 채 대화 내용에만 충실해 봤자 모처럼의 노력이 허사로 돌아갈 가능성도 없지 않다. 중요한 만남일수록 보디랭귀지에 대한 인식을 높여야 한다.

인간은 갖가지 독특한 대화통로 순서를 밟아 실천하고자 하는 행위를 선택하여 행동으로 표현하고 있다.

인간은 말로써 표현하지 않아도 서로 대화를 주고받을 수 있다. 눈짓, 손짓, 얼굴 표정 하나만으로 현재의 심정을 충분히 상대방에게 표현한다.

로버트 루이스 스티븐이 말했듯이 "자기다움을 잃지 않고 변화의 가능성을 탐색하는 것, 그것이 바로 올바른 인생을 살아가는 지혜이다"라는 말을 명심해 주길 바란다.

Part Ⅳ
에티켓이 바른 사람이 성공을 앞당길 수 있다

술자리를 통해서 인간관계도 깊어지고 사업상의 문제도 잘 풀리게 된다.
단, 그것은 "기분 좋은 단계"에서 술자리가 끝났을 때임을 명심해 두라.
적정량이 넘어설 때까지 자리가 지속되면
기분이 풀어져서 무난히 진행되어 오던 비즈니스상의 문제도
한 순간에 틀어지기 쉽다.

교언영색〈巧言令色〉을 삼가라

중국의 유명한 사상서인 논어〈論語〉중에 "교언영색에 어질게 되는 사람은 적다."라는 말이 있다.

이 말의 의미는 남의 환심을 사기 위해 좋은 말을 하고 보기 좋은 얼굴빛을 꾸밈을 경계하라고 가르친 동시에 그런 사람의 말을 들으면 정당하게 될 리 없다는 의미이다.

타인과의 교섭시 스스로 교언영색을 피함은 물론 상대가 듣기 좋은 말을 많이 해 준다고 절대로 액면 그대로 받아들이지 말라는 말이다.

그보다 교제시에 가장 중요한 것은 신용과 정직이다. 사업의 세계에는 때로 술수가 필요하다고 흔히들 얘기하지만 그것은 곧 탄로 나며 정직이 최선이다.

이 말은 사업에서도 통한다. 일회성으로 끝나지 않는 지속적인 사업을 하려면 그것을 성공시키고자 한다면 교언영색으로 상대를 움직이기보다 신용과 정직의 힘으로 그를 끌어들여라.

야단치는 기술을 습득하라

사람을 격려하거나 꾸짖는 일을 우리들은 늘 하고 있지만 그것은 대단히 중요하고 어려운 일이다.

혼다(Honda)의 창업자인 혼다 소이찌로는 자동차의 초인이라 불릴 정도로 그야말로 개발에는 뛰어난 사람이다.

그는 부하에게 무섭게 야단치는 것으로도 유명하다. 이를테면 일에 열중하고 있을 때 만약 부하가 실수라도 하게 되면 심한 꾸중은 물론 힘껏 후려치기도 했다고 한다.

그러나 그 뒤에는 반드시, "어떤가? 오늘 밤 한잔 할까."라고 부하에게 말을 걸었다고 한다. 그래서 부하들은 "이 사람은 엄격하지만 좋은 사람이다. 내 일을 걱정해 주고 있구나."라고 감동하여 야단맞은 것을 오히려 기분 좋게 생각하기도 한다고 한다.

즉, 감정을 그대로 드러낸다는 것은 상대에 대해서는 물론 자신에 대해서도 결코 좋은 결과를 낳을 수 없다. 무엇 때문에 꾸짖는지를 잊어서는 안 된다.

명함을 중요한 재산으로 생각하라

성공을 위해서는 대인관계에 밝아야 하므로 명함과 전화번호를 잘 관리해야 유용하게 쓸 수 있다. 명함과 전화번호는 돈보다 중요한 재산임을 알라.

명함과 전화번호는 잘 정리해서 눈에 띄는 곳에 두어야 한다. 명함이나 전화번호를 찾지 못해 모처럼 걸고 싶은 전화도 뒤로 미루게 되어 후에 엄청난 마이너스가 되어버리는 일이 발생하기도 하기 때문이다.

거래처의 명함과 전화번호 등은 항상 손 가까이에 두는 것이 비즈니스맨의 철칙이다. 처음에는 다소나마 번거로움이 있더라도 장래의 효율적인 일을 하기 위해서는 정리하는 습관을 길러두는 것이 좋다.

건강한 한마디 인사가 성공을 앞당긴다

인사를 귀찮게 여기거나 대수롭지 않게 생각하는 사람들이 늘어나고 있다. 그러나 성공을 꿈꾸는 사람이라면 인사의 중요성을 간과해서는 안 된다.

"도와주셔서 큰 힘이 되었습니다."

"어제는 폐를 많이 끼쳤습니다."

이 한마디가 먼저 그리고 지체 없이 나오느냐 그렇지 않느냐가 그 사람의 하루의 행동을 좌우하고 상대방과의 만남 뒤에 이어지는 비즈니스의 진척도를 결정하는데 큰 영향을 발휘하는 수가 많다.

하루를 건강하게 시작하고 여러 사람과의 인간관계를 잘 맺기 위해서는 마음이 내키지 않더라도 이쪽에서 먼저 건강하게 인사를 해야 한다.

좋은 인사 속에는 무한한 가능성이 숨어 있다는 것을 잊지 말라.

부지런한 새가 모이를 더 먹는다
(일찍 출근하라)

출세한 사람들이나 회사의 정상에 있는 사람들의 공통점을 보면 매우 부지런하다는 특징을 가지고 있다.

한 예로 항상 남들보다 일찍 출근한다는 사실을 들 수 있다.

인생은 타인과의 싸움 전에 우선 자신과 싸워 이겨야 한다. 자신을 이기지 못하고 언제나 빠듯하게 출근하는 사람에게 밝은 미래는 없다. 남보다 일찍 일을 시작하면 그만큼 시간을 버는 것이 되고 남보다 앞서가는 것이 되는 것이다.

성공을 목표로 하고 있다면 시간을 벌고 그 시간을 유용하게 사용할 줄 알아야 한다. 돈보다 더 값진 것이 바로 시간이다.

약속시간을 목숨 걸고 지켜라

일관계로 사람들과 만나기로 했을 때 약속시간만은 반드시 지켜야한다.

약속을 해놓고 그 시간에 늦는 것은 상대의 시간을 빼앗는 것이 되고 상대방에게 신뢰도 잃게 된다.

성공을 향해 가는 길에는 사소한 일에서도 절대로 실수를 해서는 안 된다. 그 작은 실수가 앞으로의 일에 미치는 영향은 실로 대단하기 때문이다. 약속을 지키지 않는 사람은 어떤 일에도 성공할 수 없다.

메모하는 습관을 길러라

인간의 기억력에는 한계가 있다.

좋은 아이디어는 반짝 떠올랐다가 시간이 지나면 금방 사라져 버린다. 때문에 메모하는 습관을 길러두어야 한다.

성공하는 사람들을 보면 그들 곁에는 항상 메모지와 펜이 놓여 있다는 것을 알 수 있다. 좋은 아이디어가 떠올랐을 때 메모해 놓는 것, 또 부탁받은 일을 잊어버리지 않는 것, 전달받은 용건을 정확하게 보고 하는 것, 이런 하나하나의 비즈니스가 쌓여서 큰일을 이루고, 성과를 올려서 일류 비즈니스맨으로 성장할 수 있게 되는 것이다.

술자리를 주의하라

일을 하다보면 의외로 술자리에 자주 참석하거나 또 먼저 술자리를 만들어야 하는 경우도 많다. 이럴 때 중요한 것은 반드시 기분 좋게 마시는 단계에서 멈추어야 한다는 것이다.

술을 마시다 보면 특히 적정량을 넘어섰을 때는 기분이 들떠서 말을 함부로 하게 되고 행동도 예의에 어긋나기 쉬운데 그렇게 되면 서로 좋은 기분이 되기 힘들다. 비즈니스상 오가던 문제도 틀어지기 쉽다. 술을 계속 받아서 부담이 될 경우는 사양해야 하고 그럴 수 없는 경우에는 긴장을 풀지 말아야 한다. 반대로 상대에게 무리하게 술을 권유해서도 안 된다. 술을 따를 때는 지위가 높거나 나이가 많은 순으로 두 손으로 따르고 친구나 동료 혹은 아랫사람일 경우는 한 손으로 따르되 반드시 오른 손으로 따라야 주도에 어긋나지 않는다. 술자리를 통해서 인간관계도 깊어지고 사업상의 문제도 잘 풀리게 되지만 그것은 **"기분 좋은 단계"에서 술자리가 끝났을 때임을 항상 기억해두라.**

섭외는 상대방의 입장에서 하라

성공을 위해서는 섭외가 대단히 중요하다.

따라서 평소에 훌륭한 섭외를 할 수 있는 필요한 인격과 에티켓을 충분히 익혀두어야 한다.

섭외를 할 때는 완벽한 사전준비와 목표를 기필코 달성하고야 만다는 신념이 있어야 좋은 결과를 성취해 낼 수 있다.

다음은 성공적인 섭외를 위해 중요한 6가지이다.

첫째, 좋은 인상과 매너로 상대방의 호감을 살 수 있어야 한다.

둘째, 일에 대한 상식과 정보력이 뛰어나야 한다.
섭외할 업무와 관계되는 광범위한 지식은 물론 경제, 사회, 문화, 예술, 역사 등 각 분야에 대한 해박한 지식과 시사성 있는 정보 등 상식과 교양을 두루 갖추고 있으면 더욱 좋다.

셋째, 신뢰할 만한 사람이라는 소리를 들을 수 있게 행동해야 한다는 것이다. 상대방에게 그 소리를 들을 수 있으면 그 섭외는 성공이라고 보아도 좋다.

넷째, 섭외 활동시 예측되는 여러 가지 반응을 다각도로 가상하여 대응책을 준비해 두어야 실패를 방지할 수 있다.

다섯째, 일방적으로 자기주장만을 관철시키려고 하지 말고 상대방의 입장이나 주장을 충분히 이해하고 여기에 맞는 설득력 있는 자료를 준비하여 자신의 주장을 무리 없이 받아들이도록 해야 하며 꾸준한 인내와 집념을 가지고 열성을 다해서 상대를 설득해야 한다. 상대방을 감동시킬 수 없는 것은 아직 정열과 열의가 부족하기 때문이다.

여섯째, 섭외시 자신의 체면이나 위신만을 세우려 하는 일이 있어서는 안 된다. 그보다는 상대방의 입장도 세워주고 이 섭외가 서로 공존하는 것임을 지각토록 분위기를 이끌어야 한다.

세계속 한국인으로의 에티켓을 갖추어라

이제 성공을 꿈꾸는 자들의 무대는 세계가 되어야 한다.

세계로 진출 하려면 국제인으로서의 매너에도 능숙해야 뜻대로 사업을 추진시켜 나갈 수 있다.

세계 속의 한국인이 되기 위해서는 상대국의 언어에 능통해야 하며 그 나라의 풍습, 특징, 유명인사 등에 대해 지식이 풍부해야 대화를 부드럽게 엮어나갈 수 있다.

외국인을 상대할 때 필요한 매너와 에티켓을 소개한다.

첫째, 당당하고 예의바르게 해야 한다. 악수를 할 때 머리를 조아리거나 머리를 굽히는 자세는 비굴하게 보일 수 있으므로 삼가야 하고 형식상의 매너에 구애되면 자칫 경직될 수가 있으므로 자연스럽고 당당한 태도로 대해야 한다. 단, 당당한 것을 건방진 것으로 착각해서는 안 된다.

둘째, 소개는 사교의 출발점이 되므로 그에 관련된 에티켓을 알고 있어야 한다. 이성간일 경우 남자를 여자에게 먼저 소개하고 동성 간에 있어서는 아랫사람을 윗사람에게, 후배를 선배에게, 미혼자를 기혼자에게, 나이 어린 사람을 연장자에게 먼저 소개하는 것이 원칙이다. 소개할 때는 소개하는 사람이나 소개받은 사람이 모두 일어서는 것이 예의이다.

셋째, 선물을 해야 할 경우는 토산물, 민예품 등을 하는 것이 좋다.
넥타이핀 등의 액세서리 종류 등은 아주 친밀한 경우가 아니면 그들의 관습으로 볼 때는 당황할 만한 것이므로 유의해야 한다.

넷째, 초대받았을 때는 약속시간을 꼭 지키고 그 모임의 성격에 맞는 옷차림을 해야 한다.
식사는 주인이 권유할 때 혹은 주인이 먼저 시작한 뒤 하는 것이 좋고 접대를 받은 후에는 잘 먹었다, 감사했다는 말을 반드시 하도록 한다.

다섯째, 반대로 외국인을 초청, 접대할 경우에는 적어도 일주일 전에 통보를 하고 그다지 심각하지 않은 대화를 준비하여 편안한 자리가 되도록 해야 한다.

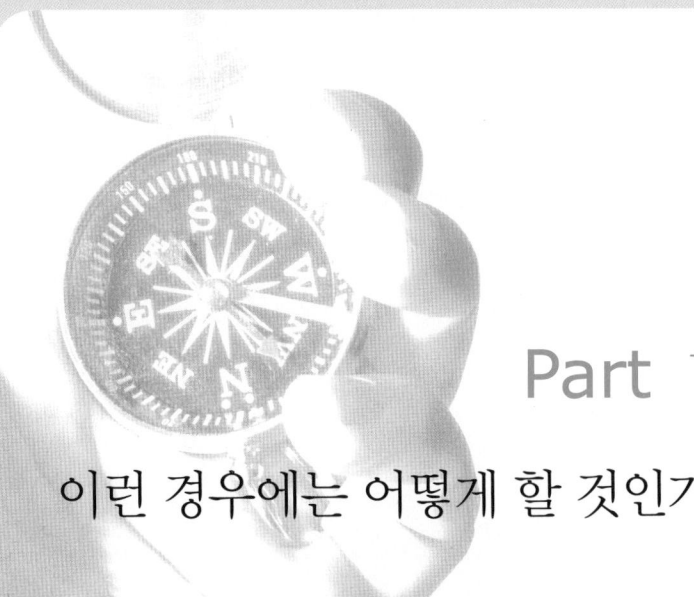

Part V
이런 경우에는 어떻게 할 것인가?

당신은 내성적이어서, 혹은 신체적 열등감 때문에 혹은 나이가 많아서
성공할 수 없다고 생각하는가?
포기하기 전에 해결책을 생각해보라.
하늘이 무너져도 솟아날 구멍이 있듯
전혀 성공할 수 없는 열악한 조건을 갖춘 당신에게도
사태를 역전시킬 수 있는 방법이 있다.
열등감을 극복할 수 있게 해주는 성공의 묘약을 참고하라.

내성적인 성격 때문에
성공의 걸림돌이 될 때

내성적인 성격을 지닌 사람은 대인관계를 기피하는 경향이 있고 그런 사람을 대할 때 상대방도 썩 유쾌하지는 않다. 또한 내성적인 성격을 지닌 사람들은 염려를 잘 하고, 자신이 없고, 겁이 많다. 자기에게 주어진 임무를 다하고 실속이 있지만 그러나 성공을 꿈꾸고 있는 젊은이라면 대인관계가 원만하지 못해서는 안 된다.

또 요즈음에는 젊은 사원들도 비즈니스를 위하여 해외로 파견되는 기회가 많다. 이렇게 되면 아무리 내성적인 성격의 소유자라도 언제까지나 내면세계로 파고들어 자기 방어만을 할 수는 없는 노릇이다.

만일 그들이 자신의 성격적 결함을 극복하지 않는다면 승진의 길이나 해외 파견의 길도 막혀버리고 말 것이다.

그러나 미리 절망할 필요는 없다. 그것을 극복할 수 있는 방법에는 여러 가지가 있다.

첫째, 먼저 내성적인 성격의 장점을 살리도록 하라.

오늘날의 사회에서는 활동적인 성격을 중요시 한다.

사람들이 요구하는 것은 활동적인 성격이 바람직하다고 생각하고 있으며 실제 그런 사람들이 출세도 빨리 하고 있다.

그렇기 때문에 내성적인 성격을 지닌 사람들은 자기의 성격에 핸디캡을 가지기 쉽다.

그러나 그렇지만은 않다. 내성적인 성격에는 많은 장점이 있다. 이 사실을 충분히 인식하는 것이 중요하며, 이 숨은 장점들을 성공을 위하여 충분히 활용할 필요가 있는 것이다.

내성적인 사람은 감수성이 예민하다. 이것은 큰 장점이기도 하다. 이것은 외향적인 사람들로서는 이해하기 어려운 예술이나 문화의 세계로 당신을 이끌어 준다. 이 분야가 당신의 성격에 가장 적합하다.

내성적인 성격이 지니는 이 공상적 생각의 폭풍은 창조적인 일에 활용할 수가 있다. 이것의 가장 명백한 형태는 예술적 표현에서 볼 수 있다. 그러나 이것을 비즈니스에도 활용할 수 있다.

원래 창조적인 아이디어는 자유분방한 공상으로부터 생겨난다.

단, 그 아이디어가 현실의 사태에 활용할 수 있느냐 하는 점은 신중하게 검토되어야 한다. 이 점이 어려운 문제인데 이 감각을 키우는데는 자기훈련을 쌓을 필요가 있다.

둘째, 권한을 행사하고 결단력을 기르라.

내성적인 인간은 감수성이 예민하기 때문에 겁부터 먹기 쉽다.

그래서 권한을 행사하는 일이 서툴다. 더구나 감수성이 예민하기 때문에 자기가 내린 명령이 다른 사람을 손상시키거나 불쾌하게 만드는 것은 아닌가 하고 민감해지기 쉽다.

그러므로 만일 당신이 승진할 기회가 있거나 출세하고자 한다면 권한을 행사하는 기술을 익힐 필요가 있다. 원래 권한을 행사하는 능력은 경험을 쌓으면 자연히 얻어지게 마련이다.

가령 회사에서 권한이 위임될 기회가 별로 없는 경우라도, 기회를 포착하여 성격의 이와 같은 측면을 개선하도록 적극적으로 행동해야 한다.

그리고 내성적인 사람은 내면적인 생활이 풍부하기 때문에 사물을 철학적으로 생각하기 쉽다.

이것이 비즈니스라는 현실적인 세계에서 결단을 내릴 때에 방해가 된다. 비즈니스에 있어서 결단력은 결코 추상적인 문제가 아니다.

내성적인 사람은 철학적인 경향이 있기 때문에 결단을 내려야 할 때 주저하기 쉽다. 물론 침착하게 생각한다는 것은 현명한 일이다. 그러나 내성적인 사람은 결단을 내려야 할 때에 불안감에 사로잡혀 결단하는 일을 회피하는 경향이 있다. 그 결과 내성적인 간부는 "미결함" 속에 서류가 쌓여 있게 마련이다. 이러한 태도에서 벗어나기 위해 권한을 행사하는 훈련을 쌓고 결단력을 길러야 한다.

셋째, 외향적인 성격의 부하를 가지라.

대체로 내성적인 사람은 내성적인 사람과는 잘 유대해나간다. 그들은 서로 이해할 수 있고 함께 있으면 마음이 편하다. 그러나 그것은 자기 자신의 성장을 위하여 좋은 태도는 아닌 것이다.

내성적인 사람이 간부인 경우 자기와는 다른 태도를 취하는 외향적인 부하가 도리어 상사의 성격적인 결함을 보충해 주는 경우가 많다. 또 그와 동시에 외향적인 인간과 접촉함으로써 내성적인 인간은 성장할 수 있게 되기도 한다.

넷째, 불안을 풀도록 노력하라

내성적인 사람이 사교에서의 소극적인 행동은 성공을 위해서는 마이너스다. 느긋하고 편한 기분으로 대인관계를 가질 수 있도록 노력하고 그것을 실천해야 한다.

내성적인 사람으로서 새로운 인생을 개척하려면, 사귐에 있어 자기 불안을 조절하는 일을 배워야 한다. 그다지 어렵지도 않고 불쾌한 일도 아니다.

강박적인 성격 때문에
성공의 걸림돌이 될 때

강박적인 성격을 지닌 사람은 모든 일이 완전하기를 바란다. 사소한 일에도 마음을 써 빈틈이 없다. 자기의 사소한 행위에 대해서도 세심한 주의를 기울인다.

그들은 철저하기로 소문이 나 있다. 그들이 하는 일은 철저하고 정확하다.

그러나 어느 의미에서는 이런 것들이 그들의 약점이기도 하다. 왜냐하면 사소한 일에도 완벽을 기해 시간을 많이 투자하므로 추진력이 없고 상대적으로 큰일을 미처 할 시간이 없다.

주변 사람들이 피곤해 한다. 강박적인 성격은 유아기에 형성되는데 이들은 무엇보다 성격에 맞는 일을 골라야 성공할 수 있다.

인생에 있어서 성공하느냐 실패하느냐는 자기 성격에 맞는 일을 선택하느냐 안하느냐에 달려 있다. 이것은 다른 성격을 지닌 사람들보다도 강박적 성격을 지닌 사람들에게 있어 더욱 중요한 일이다.

은행에서 성공한 사람들 중에는 강박적인 성격을 지닌 사람들이 많은 편이다. 이와 같은 일에 있어서는 자기 성격의 장점을 완전히 활용할 수가 있기 때문이다. 구체적인 지식이나 기억을 필요로 하는 여러 분야에 있어서도 마찬가지다. 강박적인 성격을 지닌 사람들은 자기의 완전주의를 살릴 수 있는 일에 있어서는 만족을 느끼고 성공할 수가 있다.

우리들은 흔히 이와 같은 자기 성격의 측면을 충분히 고려하지 않고서 기초적인 직업훈련을 선택하는 경우가 있다. 예를 들면 현저한 강박적 성격의 소유자가 세일즈맨으로서의 자격을 얻는 수가 있는데 원래 이 분야는 실제적인 사고방식을 가진 외향적인 성격을 지닌 사람에게 적합하다. 이런 경우, 그는 세일즈맨으로서의 기초훈련을 열심히 받기보다는 회사의 관리부문으로 전향하는 것이 현명하다.

큰 성공을 거둔 강박적 성격을 지닌 사람들이 인생의 만년에서 돌이킬 수 없는 실패를 하는 경우가 더러 있다. 대부분의 사람들에게 있어 성공의 최종적인 단계의 하나는 시골에 농장이나 토지를 갖는 일이다. 이것은 성공한 실업가로서는 상류사회에 합류 하는 것을 의미한다. 만일 그가 실제로 생애를 통하여 성공의 단계를 차츰 올라왔다면, 이 지주로서의 최후 단계로의 이행은 몹시 중요한 일일지도 모른다.

그러나 여기에는 위험이 뒤따른다. 성공한 관리직은 비즈니스의 기초밖에 모르기 때문에 으레 자기는 큰 토지의 경영은 해 본 일이 없다는 것을 확실히 느끼게 된다. 그래서 그는 다른 사람들로부터 충고를 받거나 관리인을 고용하려고 한다. 그런데 강박적인 성격을 지닌 사람의 경우에는 그의 성격으로 보아 이 사업이 몹시 어렵다는 사실을 깨닫지 못하는 수가 있다.

그의 처세방법은 모든 일이 완전하도록 시도하는데 있었다. 그리고 사실 이것이 그를 성공으로 이끌어 준 열쇠이기도 했다. 그는 언제나 사물을 자기의 지배 하에 두는 것을 목표로 해 왔다. 그러나 농장의 경영에 있어서는 사태가 전혀 다르다. 대개의 경우 모든 일이 잘 정돈되기는 불가능한 일이다.

그래서 많은 관리직으로 성공을 거둔 사람들이 이 성공의 최후 단계에서 큰 실망을 느끼게 된다. 시골에서 여생을 안락하게 지내는 대신 그들은 긴장감을 가지게 되고, 불안을 느끼고, 초조감을 가지게 된다.

그러므로 강박적인 성격을 지닌 사람은 여가를 잘 지낼 수 있는 방법을 연구해야 한다.

휴가란 우리들 생활에 있어서의 다른 일들과 마찬가지로, 그 사람의 성격에 비추어 고려해야 한다. 강박적 성격을 지닌 사람은 쉬는 동안에도 어떤 할 일이 필요한 것이다. 그러면 그는 무의식중에 마음이 편해지게 마련이다. 만일 바닷가로 가면 보트를 타거나 낚시를 하는 편이 아무것도 하지 않고서 모래밭에서 일광욕을 하는 것보다 바람직하다.

첫째, 강박적인 성격을 고치고자 한다면 먼저 시야를 넓혀보는 습관을 기르라.

강박적 성격을 지닌 사람을 방해하는 것은 사소할 일에 마음을 쓰지 않을 수 없는 기분이다.

이런 점에서 필요한 것은 좀 더 자유로운 행동의 패턴을 확립하도록 의식적으로 노력하는 일이다.

평소의 일상생활에서 사소한 일에 마음을 쓰지 않는 방법을 배우면 직장에서의 일에 있어서도 서서히 자유로운 행동의 패턴이 이루어지게 된다. 처음에는 어느 정도의 긴장이 증대되지만 이윽고는 그 긴장이 없어지게 되므로 참고 해내야 한다.

특히 더 좋은 방법은 마음을 편하게 갖기 위한 정신적 훈련을 실천함으로써 이에 대처하는 일이다.

강박적인 성격을 지닌 사람들은 지나치게 세부적인 일에 주의를 기울이기 때문에 도리어 "나무는 보고 숲은 보지 못하는" 경향이 있다. 성공을 향하여 나아가려는 사람에게는 무엇보다도 시야를 넓고 멀리 가지는 것이 필요하다.

세부적인 일을 할 때는 필요한 정도에 따라 자세히 실천하면 된다. 단 그와 동시에 언제나 그 일이 차지하는 전체의 계획에 있어서의 위치를 염두에 두어야만 한다.

둘째, 불완전한 세계에 살고 있다는 사실을 잊지 말라.

강박적인 성격을 지닌 사람들은 도덕적인 원리에 있어서는 다른 사람들과 타협하지 않는다. 물론 이것은 올바른 일이고 적절한 태도이고 지켜야 할 필요가 있다.

그러나 그들은 그들의 성격이 강경하기 때문에 도덕적인 문제와는 전혀 관계가 없는 비즈니스 문제에 있어서도 타협하지 못하는 경우가 많다. 이와 같은 태도는 의논과 교섭을 곤란하게 만든다. 결국 그들은 모든 일을 자기 나름대로 하여 성공시키느냐 아니면 모든 일에 실패하느냐 중 한 쪽을 선택해야 한다. 모든 일을 자신의 페이스대로 진행시킨다는 것은 몹시 어렵기 때문에 타협을 용납하지 않는 강박적인 성격의 소유자는 큰 손실을 입게 되는 것이다.

우리들은 모두가 불완전한 사회에서 살고 있다. 그런데 강박적인 성격의 소유자는 그의 완전주의적인 성격 때문에 인생의 기본적인 사실을 깨닫지 못하는 경우가 많다.

우리들은 현실을 무시해서는 안 된다. 우리들은 우리 자신이 행하는 것과 같은 정도의 완전함을 다른 사람들에게서 기대할 수는 없는 일이다. 사태를 호전시키는 노력이 필요하다. **불완전한 것이 인간이고 이 세상임을 명심하라.**

신경질적인 성격이
성공의 걸림돌이 될 때

대부분의 사람들은 신경질적인 성격은 오직 여성 특유의 것이라고 생각하고 있다. 그러나 남성들 중에도 신경질적인 성격을 지닌 사람들이 있다.

신경질적인 성격을 지닌 사람들은 모든 일을 다소 과장해서 표현한다. 그래서 우리들은 그들이 일상생활에서 "연기를 하고 있는 것"과 같은 인상을 받는다.

그들은 말을 유창하게 하고, 과장된 표현을 하고, 직유와 은유를 교묘하게 구사한다. 동시에 그들은 지나친 표정과 몸짓으로 요점을 강조한다. 이와 같은 태도는 자기의 의견을 말하고, 다른 사람을 납득시키고, 주위에 있는 사람들의 관심을 끌기 위한 방법인 것이다.

그들은 연기를 잘 하기 때문에 판매업이나 광고업 같은 일에 적합하다. 이와 같은 직업은 신경질적인 사람들이 자신이 지닌 경향을 가장 잘 살릴 수 있는 일이기 때문이다. 만일 당신이 이와 같은 성격을 뚜렷이 지니고 있다면 이 분야에서 그것을 활용함으로써 크게 성공할 수 있을 것이다.

유명한 배우들은 남자나 여자나 대부분이 신경질적인 성격의 요소를 지니고 있다. 이 성격 덕분에 그들은 무대나 스크린을 통하여 드라마틱하게 확신에 넘치는 방법으로 감정을 표현할 수가 있는 것이다. 더구나 자기가 표현하고 있는 정서를 깊이 체험함으로써 혼란상태에 빠지는 일도 없이. 이와 마찬가지로 그들은 드라마틱하게 사람들의 주의를 끌 수 있도록 어떤 일을 연출해 보이는 일에 자신의 적성을 자연스럽게 나타낼 수 있는 것이다.

또 처음 만나는 사람들에게 자기에 대하여 호감을 갖게 할 수 있는 능력은 자연히 판매나 광고업에 있어서는 크게 도움이 될 것이다.

그러나 가능하다면 신경질적인 성격은 고치는 것이 좋다. 신경질적인 성격을 개선하기 위해서는 순수한 마음을 지니도록 노력해야 한다.

이와 같이 함으로써 당신은 당신의 성격적인 특성을 이제까지 설명한 함정에 빠지는 일 없이 성공을 위하여 활용할 수 있는 것이다. 그러나 순수한 마음을 추구하는 노력은 신경질적인 사람으로서는 잡을 길이 없는 목표일지도 모른다. 이것은 전혀 손을 댈 길이 없는 명확하지 않은 목표일지도 모른다.

그러면 당신은 어디에서부터 손을 대야 좋은가? 신경질적인 사람들은 자기반성을 하지 않는 경향이 있다.

> 그러므로 당신은 지금부터 자기반성을 철저히 시작하라. 이것만이 당신의 성공을 위하여 가장 필요하고 중요한 일인 것이다. 이제야말로 당신 자신을 음미할 때인 것이다.

성공마인드

"당신은 똑바로 서라. 아니면 남의 힘을 빌어서라도 똑바로 서라."
- 아우렐리우스

우울해질 때

살아가노라면 종종 우리는 우울해질 때가 있다.

그전처럼 농담도 하지 않게 되고 자기의 껍질 속으로만 파고들어가는 것이다. 점심도 구내식당에서 여러 사람들과 함께 먹지 않고 혼자서 조용한 곳에 가서 먹고 온다.

우울해지면 그것이 더 깊어지기 전에 원인을 분석해 보아야 한다. 우울증의 경향에는 두 가지 타입이 있어 각각 다른 대책을 필요로 한다.

첫째 타입은 생활의 욕구불만에서 생겨난다.
이것은 직무상의 문제의 장애나 가정에서의 심리적 갈등이나 오해에 원인이 있다.

가정에 있어서의 욕구불만으로부터 비롯된 우울은 주로 직무에서는 비관주의로 나타난다. 이런 타입의 우울증의 경향은 유유자적하기 위한 정신훈련을 실행함으로써 치료할 수가 있을 것이다.

그렇게 하면 불안이 감소되어 생활의 욕구불만에 대하여 현실적으로 대처할 수 있을 것이다.

둘째 타입은 증상은 비슷하지만, 이것과는 전혀 다른 것이다.
그것은 욕구불만이라기보다는 도리어 신체에 원인이 있다. 그러므로 우울증 치료하는 약품을 복용함으로써 고칠 수가 있다. 이런 사람은 반드시 상담해야 한다.

당신에게 우울증의 증세가 있는 동안에는 당신 자신의 일이나 또는 당신의 회사를 파국으로 몰아넣을 우려가 있는 의사결정은 절대로 하지 말도록 주의하기 바란다. 그것은 당신의 판단이 우울증으로 말미암아 혼란을 일으키기 쉽기 때문이다.

성공마인드

"때는 얻기 힘들고 잃기 쉽다."
- 사마천

Part V 이런 경우에는 어떻게 할 것인가

고립되었다고 여겨질 때

성공을 향해 전진할수록 우리들은 사람들로부터 고립될 가능성이 많아진다.

부와 명성이 높아질수록 마음이 통하는 친구들이 점점 줄어간다.

어릴 때 함께 자란 친구나 동창생들은 그와의 우정을 지루하게 느끼게 된다. 물론 아직까지 우정을 유지하려는 친구들도 있을지 모르지만, 그것은 대부분이 물질적 이익을 목적으로 한 우정에 불과한 경우가 많다.

또 그의 비위를 맞추기 위해 비판을 하지 않으므로 자기가 옳다고 생각하거나 독불장군식의 성격으로 나아가게 되고 그것이 더욱 깊은 고립을 초래한다.

그럼 고립을 피하려면 어떻게 하는 것이 좋은가?

지극히 당연한 일이지만, 당신 자신이 사람들에게서 고립되지 않도록 의식적으로 노력하는 일이다.

당신을 평등한 인간으로서 받아들여 주는 친구들과 또는 당신의 지위때문에 당신에게서 떨어져 있는 친구들과 의식적으로 접촉을 유지하도록 노력할 일이다.

성공마인드

"내가 성공한 원인은 오직 근면에 있었다. 나는 평생에 단 한 조각의 빵도 절대로 앉아서 먹지 않았다." - 웹스터

나이에 대한 두려움이 들 때

    나이가 들어가면 의식적으로 혹은 무의식적으로 자신의 능력의 한계를 깨닫는다.
    어떤 사람들은 그럴 때 더욱 엄하게 자신에게 채찍질을 한다. 자기에게는 아직도 능력이 있다는 것을 무의식중에 증명하려고 노력하고 있는 것이다.
    자기는 옛날과 마찬가지로 할 수 있다는 것을 보여 주기 위하여 이제까지 보다도 더욱 일을 신속하게 처리하고 동료들과 어울려 술을 마시고 열심히 놀기도 한다.
    그러나 눈치 빠른 주위 사람들은 그의 행동에서 어떤 부자연스러운 면이 있다는 것을 깨닫게 된다. 열심히 일하면 그럴수록 부자연스러움을 폭로하는 결과가 된다. 그는 지난 10년 간보다도 더욱 술을 잘 마시고 잘 놀지만 그것은 이를테면 늙은 것을 숨기기 위한 수단에 불과할 뿐이다.
    더욱 극단적인 경우에는 사랑에 빠지기도 한다. 그리고 그것을 여러 사람들에게 자랑한다. 이와 같은 것들은 모두 늙어가는 그가 아직 능력이 있다는 것을 나타내기 위한 수단인데 그러한 자세도 좋지만 변화를 그대로 인정하고 자연스럽게 받아들이는 것도 좋다. 나이를 먹는 것을 두려워하여 자기 자신을 지나치게 보충하고 있는 사람들은 인생의 달관이 결여되어 있다.

그러면 달관이란 무엇인가? 그것은 노력과 단념의 조화인 것이다. 어느 부분은 나이가 들어서 불리하다는 것을 인정하고 또 어떤 부분은 계속해서 노력을 지속시켜 나갈 것이다. 지나치게 늙음을 두려워하여 그것을 과장시킬 필요는 없다.

성공마인드

"인간은 무한한 열정을 품고 있는 일에는 거의 성공하는 것이다."
- 슈와브

남의 떡이 더 커 보일 때

"남의 떡이 더 커 보인다"라는 말이 있다.

실제로는 그다지 큰 차이가 있는 것도 아닌데 왠지 모르게 남의 것이 더 좋아 보이는 것이다.

어째서 그럴까. 원인은 여러 가지가 있다고 생각되지만 그중 하나가 자신을 보는 마음의 결여라고 생각된다. 자신의 것을 보지 않고 타인의 것만을 보기 때문에 그것이 부러움이나 질투로 변화되는 것이다.

"그 녀석에 비해 나는 형편없다"라든지, "그 녀석은 후하게 대접받고 있을 텐데"라는 푸념을 하게 되는 것이다.

타인을 부러워하고 질투하고 푸념하는 것은 아무 소용이 없다. 때로는 그것이 원인이 되어 인간관계를 무너뜨리는 결과가 발생하기도 한다.

타인보다 먼저 자신이다. 이웃의 잔디밭보다 먼저 자신의 발밑을 보라. 그리고 나서 지금 무엇을 해야 하는지를 생각해서 자신의 신변을 가지런히 해라. 이웃의 잔디밭을 보고 부러워하고 있는 사이에도 시간은 점점 흘러간다.

나는 어떻게 살아가야 할 것인가? 그리고 앞으로 무엇을 해야 하는가를 자기 자신에게 물어 보라. 그리고 토대 만들기에 힘을 써라.

성공마인드

"성공은 멋진 그림물감이다. 모든 보기 흉한 것을 칠해버린다."
- 서클린

Part V 이런 경우에는 어떻게 할 것인가

부하에게서 정보를 얻어내려면

　현대에 있어 정보는 승패의 요인이 되는 중요한 것이다.
　그러나 정확한 정보를 입수하기란 생각만큼 쉬운 것은 아니다. 특히 조직생활을 하다보면 서로 경쟁관계에 있어 정보를 알고 있어도 동료나 상사 혹은 부하들 간에 정보의 공유를 꺼리는 경우가 많다. 그럴 때는 어떻게 할 것인가. 먼저 부하에게서 정보를 얻어내는 방법을 알아보자. 우리들은 부하가 마음을 터놓고 있는 그대로 행동해 주기를 바란다. 또 그렇게 함으로써 가령 그에게서 얻을 수 있는 정보가 현재 회사에서 구하고 있는 것과는 거리가 멀지라도 궁극적으로는 이용가치가 있는 정보가 될 수 있는 것이다.
　그런데 흔히 있는 일이지만 정보를 제공할 마음이 있으면서도 결코 모든 것을 말하려 하지 않는 부하가 있다. 그래서 이와 같은 부하가 제공하려고 생각하고 있는 이상의 정보를 어떻게 하면 얻어낼 수 있느냐 하는 것이 문제가 된다.
　권위가 있다고 하여 바라는 정보가 다 들어온다고 생각해서는 안 된다. 사람들은 이와 같은 실수를 수없이 저지른다. 일단 부하들 위에 서는 권한을 가지면 부하들에게 질문을 던져 대답하게 하면 필요한 정보가 다 들어온다고 생각하기 쉽다. 그러나 그것은 착각이다.

그렇게 한다고 해서 부하는 모든 것을 말하지 않는다.

우리들이 원하고 있는 정보를 얻어내기 위해서는 제공자들이 자진해서 무엇을 말해 주어야만 하는 것이다.

그런데 만일 우리들이 상대방에 대하여 위압적인 질문만 한다면 기대했던 것을 얻어내지 못하는 것은 확실하다. 필시 그는 간단한 대답만을 할 것이다. 그리고 무의식중에 적의를 품어 몹시 중요할지도 모를 정보에 대해서는 조금도 말하지 않을 것이다. 이와 같이 접근을 해서는 안 되는 것이다.

그렇다면 어떻게 할 것인가.

첫째, 부하들과의 사이에 대화를 확립하라.

이것은 부하들이 중요한 의견을 자발적으로 얘기하도록 하기 위한 제 1단계이다. 바꾸어 말하면 까다로운 부하들을 친근한 얘기 상대로 바꾸는 일인 것이다. 부하들이 정보제공을 꺼리는 이유는 단순히 그들의 불안감에 의한 것인지도 모른다. 대화의 길이 열리면, 그들은 마음이 편하게 되어 자진해서 정보를 제공하게 되는 것이다.

둘째, 정보를 숨겨도 적의를 품지 말라.

이런 일에 적의를 품는 것은 위험한 일이다.

그러면 부하는 유익한 정보에 대하여 얘기하려 하지 않을 것이다. 만일 이 적대행위에 대하여 우리들 자신이 공격적으로 된다면 모든 것은 수포로 돌아간다.

이것은 점점 다루기 힘든 부하로 만드는 행위가 되는 것이다.

셋째, 마음을 편안하게 가져라.

만일 우리들이 마음을 안락하게 지니고 있으면 좀처럼 적대감정을 갖지 않게 될 것이다. 단순히 자신이 안락한 마음을 지닐뿐 아니라, 그 기분을 상대방에게 전달할 필요가 있다. 즉 불안감에서 완전히 해방되어 전혀 방어적인 경계심을 나타내지 않는 자신의 모습을 상대방에게 인정시키는 것이다.

당신이 마음으로부터 안락하다는 사실을 상대방이 알게 되면, 일은 잘 풀려 나간다.

넷째, 상대방의 성격적 특성을 이용하는 것도 한 방법이 된다.

상대방이 당신의 부하라면 그의 성격에 맞추어 면담을 진행시키면 된다. 만일 그가 불안을 지니고 있다면 정중하게 순서를 밟아 일을 처리해야 한다. 그리고 만일 그가 신경질적이 되어 있다면 그는 자기의 생각을 연극적으로 표현할 것이므로 그에게 공감적인 태도를 보여 주면 된다.

> 또 내성적인 성격을 지닌 사람에 대하여는 당신 자신의 감수성을 털어 놓으라 이것은 그 경우에 지니고 있을 기분을 당신이 한 마디로 표명해 주는 것이 된다. 그러면 그는 당신이 그를 이해하고 있다는 것을 깨닫게 될 것이다.
>
> 또 외향적인 성격을 지닌 사람에 대하여는 마음을 열고 접근하라. 만일 상대방이 이기기 좋아하는 성격의 여성이라면 당신은 소극적인 태도를 취하여 그녀가 우두머리라는 느낌을 주도록 하면 된다.

이와 같은 성격적 특성을 매일매일 사업상의 대화 속에 효과적으로 활용하는 것은 그다지 어려운 일이 아니다.

성공마인드

"부지런하면 재물이 생기고, 아끼면 궁핍하지 않다."
– 이황

상사에게서 정보를 얻어내려면

 까다로운 상사에게서 정보로 얻어내기란 상당히 어려운 일이다. 상사에 대하여 맞대놓고 질문을 하기도 그렇고 이럴 경우엔 간접적인 방법을 사용해야 한다.
 상사의 충고를 구하는 방법이 가장 좋다. 당신은 부하이기 때문에 상사와 접촉을 가지려면 어떤 구실을 만들어야 한다.
 가장 간단한 방법은 어떤 문제에 대하여 상사에게 조언을 구하는 일이다.
 조언을 구하여 상사에게 접근하면 여러 가지 이점이 있다. 우선 상사는 그것을 간단히 물리치지는 못한다. 상사에게 조언을 구함으로써 당신은 그를 의기양양하게 만들어 주고 그의 긍지를 조장시켜준다. 이리하여 상사는 좋은 기분이 된다. 그리고 상사는 자기에게 좋은 기분을 맛보게 해 준 부하에 대하여 무의식중에 호감을 갖게 된다. 이로 인하여 상사와의 사이에 쉽게 대화의 길이 트이게 되는 것이다.

일단 대화의 길만 트이면 자신이 갖고 있는 정보를 흘려보내라.

그러면 상사도 당신을 신뢰하며 자신만이 갖고 있는 정보를 제공하기 마련이다.

설사 그가 까다로운 상사라 할지라도 원리는 마찬가지다. 다만 좀 더 신중하게 진행시키면 되는 것이다.

성공마인드

"낙천은 사람을 성공으로 이끄는 신앙이다."
- 헬렌 켈러

거래처에서 정보를 얻어내려면

비즈니스의 교섭에서는 너무 서둘러 거래 얘기로 들어가는 경향이 있다.

만일 정보제공을 꺼리는 사람으로부터 정보를 얻어내려 할 때에는 그렇게 서둘러 거래에 관한 얘기로 들어가는 것을 피하지 않으면 안 된다.

이런 경우에는 몇 분 동안 친근하게 가벼운 이야기를 교환할 필요가 있다. 그것은 대화의 기본이 되는 정서적인 반응을 위한 시간을 만들기 위한 것이다.

당신이 어떤 문제, 즉 정보를 원하고 있는 일에 가까운 문제에 대하여 얘기하면 어떤 사람은 그것에 적극적인 흥미를 나타내는 수도 있고 또 어떤 사람은 아무런 관심도 나타내지 않는 경우도 있을 것이다. 거래 문제로 들어가기 전에 짤막한 대화 속에서 같은 분야에서 활동하는 친구나 아는 사람에 대한 얘기를 화제에 올리는 일은 흔히 있다. 당신이 구하려는 정보와 관계가 있는 같은 분야에서 활동하는 사람들의 이름을 대화 속에 끼워 넣기는 쉬운 일이다. 이에 대한 상대방의 반응은 틀림없이 실마리를 만들어 줄 것이다. 그 때 무심코 질문을 하는 것이다.

"○○에 대하여 그는 어떻게 생각하고 있을까?"

이것은 당신에게는 흥미 있는 문제이겠지만, 질문은 세련되고 빈틈없는 방법으로 해야만 한다.

느긋한 분위기 속에서 상대방에게 무장해제를 시키는 것은 쉬운 일이다. 속기사가 대기하고 있는 것과 같은 형식적인 회의에서의 토론으로서는 결코 정보는 얻어내지 못한다.

이런 상황에서는 거래문제로 들어가기 전에 우선대화의 길을 터놓는 것이 중요하다.

성공마인드

"기회란 두번 다시 당신의 도어를 노크한다고 생각하지 말라."
- 상폴

자신감을 회복하려면

하루살이 막노동자들이라고 하지만 수입으로 따지면 일류회사의 과장급에 해당하는 사람이 있는데도 이 사람들의 대부분은 저축한 것이 한 푼도 없다. 그날의 숙박비만 신발 밑에 넣고는 나머지를 먹고, 마시고 또 노름을 해서 깨끗이 다 써버리는 것이다.

그들은 일을 마치면 부근에 있는 환락가나 거리로 돌아간다. 이곳이야말로 그들의 안식처인 것이다.

이러한 점에서는 중산층 사람은 어느 의미에서 아주 불안한 상태에 있는 것이다. 조금만 더 벌면 잘 살게 될 것 같고 자칫 잘못하면 망할지도 모른다는 불안정한 위치에 있기 때문에 우리들의 마음은 편하지 않다. 그렇기 때문에 항상 마음의 한구석에는 불안이 가시지 않는 것이다.

이러한 불안이 우리들의 만성불안의 원인이 되거나 노이로제의 원인이 되고 있다는 지적이 있다.

최면요법의 권위자인 L씨는 이러한 사람을 대상으로 "꽁초 줌

기요법"을 고안해서 효과를 올리고 있다.

아침 일찍 환자들을 공원에 데리고 가서 꽁초 줍기를 시키는 것이다. 교양이라든가 가식은 모두 버리고 맨몸이 되었을 때 비로소 노이로제에서 벗어날 계기를 잡을 수 있게 되는 것이다. 이것이 L씨의 치료법의 본질이다.

하루살이 노동자의 생활도, 꽁초 줍기도 그렇다. "밑바닥 인생"의 효용을 다시 생각해야 된다고 본다.

무언가 일이 제대로 되지 않을 때는 끝까지 놀고 있는 것도 좋다. 즉 막다른 곳까지 침몰해 보는 것이다.

많은 예술가들이나 작가들이 밑바닥 생활을 하면서 불멸의 명작을 창조하듯이 우리도 밑바닥에서 떠오르는 힘을 발견할 수 있게 될 것이다. 이것저것 생각해 봐도 불안감만 높아져서 진정할 수 없게 되는 경우 이런 때에는 자기 자신을 "밑바닥"인생의 생활 속으로 밀어 넣어 보는 것이 좋다.

키를 비롯해 자기의 육체에 대한 열등의식은 지기 자신이 느끼고 있는 이상 심리적 갈등으로 연결되어 그 사람의 인격에 영향을 미치는 경우가 대부분이다.

신체적 열등감을 극복하려면

피츠버그 대학에서 1967년도 졸업생 100명에게 신장별 급여액을 산출한 결과가 있는데, 이 통계에 의하면 6피트 이하인 졸업생의 평균월급이 701달러. 7피트가 719달러. 6피트1인치가 723달러. 6피트2인치에 이르면 788달러로 오르고 있다.

즉 6피트2인치인 사람은 6피트이하인 사람에 비해서 12.4%나 높은 급료를 받고 있는 셈이다.

키가 크다고 모델 일을 하고 있는 것도 아니므로 신장치가 그대로 능력차로 나타나고 있는 것이다.

소울 휄트만이라는 사회학자의 연구에 따르면 미국의 경우 신장차의 우열은 대통령선거의 결과에도 여실히 나타난다고 한다.

1900년 이후의 대통령선거에 경합하는 두 사람의 신장차로 통계를 낸 결과 반드시 키가 큰 쪽이 승리했다 고한다.

그는 또 1968년 닉슨과 험프리의 대결에서 닉슨이 승리한 것도 닉슨이 6피트. 험프리가 5피트 11인치 이므로 신장차 1인치 때문이라고 한다.

　문제는 육체적 차이를 어떻게 극복하여 자기를 심리적 우위에 올려놓을 것인가에 있다. 키가 매우 작은데도 사업적으로 크게 성공하여 "작은 나폴레옹"이라는 별명을 얻고 있는 한 사업가는 그 비결을 이렇게 들려준다.

　"처음 만나는 사람에게는 자기의 눈높이 이상을 절대로 쳐다보지 않고 상대보다 두 배로 힘 있게 악수하는 것을 철칙으로 하여 육체적 열등감을 극복했다."

　만담에서 절룩거리는 아가씨를 보고 어느 사람이 "아가씨는 한 쪽 발이 짧은가요?"라고 하면, "아니에요, 한 쪽 발이 길어서 그래요." 하는 장면이 있는데 이것도 앞에서 말한 바와 같은 의미에서 어떤 중대한 진리를 포함하고 있다고 할 수 있다.

성공마인드

"게으름은 쇠붙이의 녹과 같다. 노동보다도 더 심신을 소모시킨다."
– 프랭클린

자신을 적극적인 사람으로 만들려면

어느 심리학자의 얘기다.

"내가 맡고 있는 심리학개론 강의는 대략 50~60명의 학생들이 수강하고 있다. 좌석은 물론 자유로 선택한다. 매 시간마다 일찍 온 학생부터 자리를 잡는데 재미있는 것은 언제나 학생들이 앉는 장소가 대체로 정해져 있는 것이다. 그다지 크지 않은 교실이기 때문에 어디에 앉든지 나와의 거리에는 별로 차이가 없겠지만 그렇게 함으로써 학생들은 무의식적으로 나와의 심리적 거리를 두고 있는 것 같다. 언제나 자기의 의견을 분명하게 말하고 성적도 우수한 학생은 아무렇지 않게 나와 가까운 곳에 앉는 반면 성적이 별로 좋지 않고 말이 없고 무엇을 생각하는지 알 수 없는 학생들은 내가 선 교단에서 멀리 떨어진 후미진 곳을 찾아 앉는다."

이러한 경향은 실제로 윌리엄 E 레이폴드라는 사람의 실험이 증명하고 있다. 이것은 "육체언어"라는 저서에서 대화자의 거리와 성격 관계를 소개한 것인데 이에 의하면 학생들에게 먼저 성격검사를 하여 내향형과 외향형으로 나눈다. 그리고 나서 이들을 함께 연구실에 불러서 성적에 대한 면접을 하는데 학생들에게는 미리 준비한 3단계의 성적표를 건네준다. "불가, 보통, 우수"의 3종류로 된 것이다.

건네줄 때 "불가"의 학생에게는 "자네는 정말 성적이 나쁘군, 이래서야 열심히 공부한다고는 할 수 없지 않은가?"라고 말한다. 이렇게 하면 "우수"한 학생은 면접자로부터 가장 가까운 곳에 자리를 잡는 반면 "불가"의 학생은 되도록 떨어진 곳에 앉았다.

앞서 실시한 성격검사에서 내향형으로 분류된 학생은 성적과는 관계없이 외향형인 학생보다 떨어져 앉는다는 사실을 발견했다고 한다.

이 실험에서도 분명한 바와 같이 우리들은 상대방에 대한 심리적 저항감을 실제의 거리로 나타내는 일이 흔히 있다.

예컨대 회의 등에서 자기 나름의 기획을 생각하지 않은 채 참석했을 때는 윗사람으로부터 되도록이면 시선이 잘 가지 않는 자리에 앉아서 불안한 표정으로 앉아 있는 광경은 가끔 볼 수 있는 현상이다.

또 윗사람과 얼굴이 마주치기만 해도 어쩐지 기분이 침울해지는 것을 느끼는 사람도 같은 현상이다.

그러나 실제로 이러한 현상은 상호작용이며 좌석을 항상 떨어진 곳에 잡는 그 자체가 일에 대한 적극성을 억누르고 윗사람과의 사이도 친해지기 어렵게 만드는 것이다.
　따라서 이런 사람은 과감하게 윗사람 근처에 자리를 잡도록 해서 의욕적이고 외향적인 인간형으로 자기변혁을 시도해야 되겠다.

성공마인드

"땅에서 별로 가는 쉬운 길은 없다."
　- 세네카

자기 자신을 조정하려면

미국에서 베스트셀러가 된 "신념의 마술"의 저자인 클라우드 M 브리스톨 씨가 세일즈맨 교육에서 이용함으로써 유명해진 "거울을 보고 자기에게 암시를 거는 방법"을 발견했을 때의 에피소드이다.

그가 어느 재벌의 만찬회에 초대되었을 때 주인인 부호가 손님이 권한 술에 취해서 비틀거리면서 침실로 도망가는 것을 보고는 도와주려고 침실 문턱까지 갔다. 그 부호는 브리스톨이 보고 있는 줄도 모르고 거울 속을 들여다보면서 무언가 중얼중얼 말하는 것이었다.

"존〈자기 이름〉! 너는 뭘 하는 거야? 손님들은 너를 취하게 해서 기뻐하고 있단 말이야. 지면 안돼, 취하지 않았어, 너는 조금도 취하지 않았어, 너는 오늘의 주인공이야 절대로 취해서는 안 돼!"

이런 말을 되풀이 하는 사이에 자세도 바로 잡혔다. 연회석상에 돌아온 그는 딴 사람이 되어서 새로운 사업계획을 조금도 실언하지 않고 설명했다는 것이다.

이 부호는 거울에 의해서 자기를 객관적으로 보고 거울 속에 있는 또 한 사람의 자기에게 말하는 것이다.

이러한 행위는 심리학적인 면에서 보아도 이치는 맞는다. 왜냐하면 자기를 조종하는 원칙은 첫째로 자신을 객관적으로 볼 수 있는가 아닌가에 달려있기 때문이다.

이러한 일은 자기 조종능력이 극히 약한 유아나 정신 이상자들의 행동을 관찰하고 있으면 잘 알 수 있게 된다.

정신병원에서 실시하고 있는 심리상담에서 면접하는 환자 가운데도 중증환자는 반드시 라고 해도 좋을 정도로 자기를 객관적으로 볼 수 없는 상태에 있다. 가끔 내가 혹시 정신 이상이 아닌가 하고 고민하는 사람은 사실 "정신이상자가 아니다"라고들 하는데 실제로 그렇다. 반대로 중증의 정신이상자는 어김없이 "나는 미치지 않았다. 사람들이 모두 나를 미친 사람 취급을 한다"는 말을 한다.

자기 속에 파묻혀 자기를 객관적으로 볼 수 없게 된 증거인 것이다.

이와 같이 자기조종의 원칙은 여러 가지 형태로 응용할 수 있는데 예를 들면 "사이코드라마"라 하여 노이로제 환자에게 자기 이외의 인간 역할을 주어서 자유롭게 연극을 하게 하여 자신의 밖에서 사물을 생각하는 계기를 만들어 주는 방법, 문장이나 그림으로 자기의 고민을 표현시켜서 자기를 일단 밖으로 끌어내고 그것을 관찰, 평가하는 방법 등이 그 전형적인 예이다.

자신감을 가지려면

"물방울이 바위를 뚫는다"는 격언이 있는데 이것은 우리가 노력하면 어떤 일이든지 가능하다는 것을 가르쳐 주는 가르침이기도 하다. 심리학적인 입장에서 말하면 노력하기 보다는 "된다"라고 자신이 믿게 하는 일이 더 중요하다.

자기가 추녀라고 생각하는 여자는 실제로 추하게 된다.

아무래도 틀렸다고 단념하면 불합격이 되기 쉽다. 틀림없이 패소한다고 처음부터 단정하는 변호사에게 변호를 의뢰하면 변론이 중도에서 막혀 결국 패소하고 만다.

몇 번인가 맞선에 실패한 사람은 대체로 "나는 여자들에게 매력이 없어. 아무래도 틀렸어"하고 미리 포기하고 마는 것이다.

일이 되고 안 되는 것은 그 사람의 능력보다는 오히려 그 사람의 기분이 어떤 상태인가에 달려있다. 어떤 상황을 사실이라고 정해 놓고 달려들면 결과적으로 사실이 되는 수가 많은 것도 이 때문이다.

일에 대해서 소극적인 결과를 예상하는 자기암시는 인간의 마음을 속박하는 힘이 큰 만큼 결과적으로도 실패로 끝날 확률이 크다. 좋은 결과를 얻기 위해서는 무엇보다 먼저 자기 자신에게 좋은 결과가 틀림없이 얻어진다는 사실을 말해주는 것이 좋다. 이렇게 하면 자신이 생겨서 좋은 결과에 이르게 되는 것이다.

이러한 사실을 가장 잘 실증한 연구로서 빈민가에 사는 소년들의 비행을 추적한 미국의 심리학자 W C 렉스 박사의 보고가 유명하다.

박사는 범죄지대로 유명한 오하이오주 콜럼버스시의 초등학교 6학년생을 대상으로 2개의 그룹을 선택했다. 주위에서 문제아동으로 취급받는 그룹과 착한 소년으로 인정받는 2개의 그룹이다. 이로부터 5년 후 추적 조사한 결과 이 소년들은 예상대로의 과정을 밟고 있음을 알았다.

후자는 아무런 문제도 일으키지 않는데 반해서 전자의 그룹 중에는 39% 이상이 평균 3회 정도나 소년원의 신세를 지고 있었다. 렉스박사가 문제아 그룹을 면접해 보니 그들 자신이 "우리는 아무래도 경찰의 신세를 지게 될 것이 분명해요"라고 이미 예측하고 있음을 알았다고 한다.

자기들의 생각이 그렇게 되게 만들고 있는 것이다. 학교를 졸업할 자신도 없고 뜻대로 안 되는 것은 모두가 부모 탓이라는 생각이 머리에 박혀 있었던 것이다.

Part Ⅵ
리더를 위한 건강학

미국의 어떤 회사에서는 중역이 비만에 걸리면 사표를 내게 한다고 한다.
비만에 걸린 사람은 식욕과의 싸움에서 패배한 사람이고
자기 몸도 컨트롤 못하는 사람에게 경영이나 지휘를
맡길 수 없다는 판단에서이다.
바야흐로 풍채 좋은 사람이 성공한 사람이라 여겨지던 시대는 끝났다.

성공의 적, 피로를 정복하라

과로를 생각하지 않고 건강이나 질병은 이미 생각할 수 없게 되었다.

그 정도로 현대 생활은 과로의 연속이며 이 과로가 모르는 사이에 사람들을 반건강의 상태로 몰아넣어서 마침내는 질병으로 끌고 가는 것이다.

과로하면 생활 능력은 둔해지고 활동 능률도 저하되며 질병에 대한 저항력도 약화된다. 정신상의 과로가 신경쇠약이나 정신병의 원인이 되는 경우도 많은데 그것은 신체적으로도 영향을 주어 심장병, 신장병, 그리고 그 밖의 여러 가지 질병의 원인이 되고 있다.

루즈벨트 대통령의 미망인 엘리노어 루즈벨트 여사는 78세의 고령으로 1962년 11월에 사망하였는데 공공생활에 들어가 최초로 배운 것은 결코 "피곤하다 는 말을 하지 말 것"이라는 가르침이었다고 술회하였다.

여사의 남다른 정열은 생전의 그녀의 지인들의 경탄의 대상이 되고 있거니와 이러한 생활 수련이 여사가 그와 같은 정열을 축적하게 된 기초가 되었다.

  피로를 극복하는 데는 몇 가지 방법이 있겠으나 그 중에서도 가장 많이 쓰이는 것은 체조, 휴식, 여러 가지 특효약 복용, 건강식, 마사지, 색채 요법, 음악 요법 등이다. 그러나 무엇보다 중요한 것은 마음을 즐겁게 하고 남을 원망하지 않는 것이다.

  미움이나 질투나 원한 같은 감정은 마음에 과중한 부담을 주고 피로를 느끼게 한다. 그러므로 너무 오랫동안 남을 원망하거나 미워하는 감정을 가지고 있으면 그 독소가 오히려 우리들의 심신을 침범하고 생활을 무가치한 것으로 만든다.

  그러나 심신이 온화하면 내장에도 좋은 영향을 주고 혈액의 순환도 원활하게 되며 호르몬이 흘러들어서 뇌 조직에도 신선한 피가 들어와 뇌의 활동을 좋게 하고 그에 따라서 얼굴도 아름답고 건강하게 보일 것이다.

마음의 여유를 가져라

　최근 거리에 나가 사람들의 모습을 관찰하면 외견상으로 웃고 즐거운 것처럼 보이지만 별로 강인해 보이지는 않는다. 또 발을 밟는다든가 가방으로 몸을 스치기만 해도 눈살을 찌푸리며 싫은 기색을 보인다. 책임감은 점점 무거워지고 시간에 쫓기다 보니 융통성이 없는 생활은 당연한 것이겠지만 긴장하고 신경질적인 생활은 정신건강상 좋지 않다.
　물질 면에서만 비교한다면 몇 십 년 전과는 천국과 지옥만큼이나 차이가 난다. 그런데 천국에 살면서도 지옥에서 느꼈던 따스한 인정을 찾아볼 수 없게 되고 불평, 불만, 분쟁이 넘치는 사회가 되었다. 점점 마음의 여유를 잃어가는 것이다.
　성공을 향해 질주해 가는 동안에도 합리적인 사고방식이나 물질주의 사회에서 우리 자신의 연약한 마음을 보호받기 위한 따스한 양지가 절대적으로 필요하다. 여유를 갖도록 늘 노력하고 따스한 마음을 간직하기 위해 힘써야 한다.

뇌세포를 개발시켜라

　인간의 뇌세포는 20세 전후부터 많으면 하루에 10만개에서 25만개의 세포가 적으면 3~4만개의 세포가 매일 죽어간다. 20만개씩 죽는 사람과 3만개씩 죽는 사람은 30년 후면 풍성한 머리숱을 가진 사람과 대머리만큼이나 큰 차이가 난다. 죽은 세포를 되살릴 수는 없지만 최소한 죽어가는 숫자는 줄일 수 있다. 여기서 뇌세포의 젊음을 유지하는 방법을 모색해 보자.
　뇌세포의 젊음을 유지하는데 가장 효과적인 방법이 "사고〈思考〉"이다.
　인간은 원래 사고하는 특성을 지니고 있지만 문화와 문명이 지나치게 발달한 현대에는 세상이 너무 편하게 되어 결과적으로 생각하는 습관이 점차 퇴화하고 있다는 우려가 있다.
　이것은 자동차의 발달로 인해 다리가 점차 약해진다는 것과 마찬가지다.
　하지만 현명한 사람은 사고력 강화훈련을 지속하고 있다.

조용한 곳에서 명상이 잘 되는 사람도 있지만 복잡한 상태에서 정신집중이 더 잘되는 사람이 있다. 어떤 식이든 정신집중을 할 수 있는 방법을 모색하여 끊임없이 새로운 것에 대해 생각하라고 권유하고 싶다.

분명한 것은 "생각하는 것"이 젊음의 유지와 성공의 실현을 위해서 없어서는 안 될 중요한 것이라는 사실이다.

젊은이들을 대상으로 하는 의류회사 중에 칠순을 넘긴 사장이 진두지휘를 하는 회사가 있다. "백발노인이 의류회사라니"라고 놀라는 사람도 있겠지만 그는 얼마 전에도 미국 젊은이들의 패션을 연구하기 위해 미국으로 갔다.

이 사람은 가난한 시골출신으로 중학교를 졸업한 뒤 무작정 상경하여 백화점 심부름꾼으로 취직했다.

한푼 두푼 모은 돈으로 두 동생을 일류대학에 보낸 다음 독학으로 검정고시를 패스했다.

만년에 야간대학을 졸업한 그는 일을 하는 중에도 단어장을 들고 다니며 영어 공부를 했다. 비록 시간에 쫓겨 공부할 틈은 별로 없었지만 틈틈이 외운 단어실력이 대학을 졸업한 두 동생과 비교해도 엄청난 차이가 있을 정도로 우수했다.

중년에 접어들어 독립한 그는 영어실력으로 가내 의류공장을 개업 했고 외국 패션 잡지에서 아이디어를 얻으면서 사업을 확장시켜 나갔다. 지금은 프랑스어를 마스터하고 중국어 공부를 시작했다고 하는데 칠순이 넘어서도 젊은 세대와 동일한 감각을 지닌 것은 오로지 외국어 공부 덕분이라고 비결을 밝혔다.

성공을 향해 바쁘게 일하는 사람이나 이미 정상에 오른 사람들은 자유시간을 얻기가 힘들다. 하지만 일에 쫓길수록 일진월보하기 위해 노력해 나가야 한다. 항상 젊은 뇌세포를 갖기 위해 실력을 인정받는 리더가 되기 위해 기억력 쇠퇴란 변명을 내세우지 말고 지금부터라도 뇌세포의 활성화를 위해 사고하고 공부하라.

뇌세포를 단련시켜 주므로서 우리는 노력에 대한 보상을 받는다.

장세를 나에게 유리한 쪽으로 이끌고 더욱 능력을 기르기 위해 항상 독서를 게을리 하지 말고 끊임없이 생각하는 습관을 길러라. 위대한 인간, 성공하는 사람과 그렇지 못한 사람과의 차이는 두뇌를 얼마나 활용하느냐에 달려있다.

성공마인드

"과거는 모두 잊어버렸다. 나는 미래만을 보고 있다."
- 에디슨

푸른 야채를 많이 먹어라

　세계의 장수인들의 식사내용을 조사한 결과가 있다. 100세를 넘게 건강한 육신을 가진 사람들이 먹는 식사는 생선, 해산물, 생야채 3종류였다. 야채는 특히 효과가 좋아 세계 각국에서 건강식으로 추천하고 있다.

　생야채 속에는 각종 비타민과 철분이 듬뿍 들어있어 건강에 좋을 뿐만 아니라 알칼리성 음식이기 때문에 자칫하면 산성화되기 쉬운 인간의 체액을 중화시켜주는 작용을 한다. 생야채는 아무리 먹어도 비만에 걸리지 않고 오히려 섬유질이 풍부하여 쾌변을 촉진 시키므로 내장기관의 활동을 원활히 해주며 대장암의 발생을 방지하는 효과가 있다. 채소 중에도 스태미나를 강화하는 종류가 많다. 인삼, 연근, 시금치, 깻잎 등등.

　채식주의자가 무병장수한다는 말을 명심하고 특히 성인병으로 고생하는 사람은 철마다 무성하게 생산되는 야채를 듬뿍 섭취하도록 하라.

식생활에 진 사람은
인생에서도 이길 수 없다

비만이 가져다주는 피해는 크게 3가지로 나누어진다.

제 1의 피해는 물리적인 피해이다. 인간은 각자 자신의 신장에 적합한 체중을 유지해야 건강을 누릴 수 있다.

이것을 "표준체중"이라 하며 표준체중의 산출방법은 자신의 신장에서 100을 마이너스 한 뒤 여기에 0.9를 곱한 수치이다.

인간의 내장 특히 심장이나 무릎 근육, 발목 등은 그 표준 체중을 지탱하기에 적합한 크기와 힘을 갖도록 되어 있다. 예를 들어 170cm의 신장을 가진 사람의 표준 체중은 70×0.9, 즉 63Kg이다.

그런데 170cm의 사람이 살이 쪄서 80Kg의 체중이 되었다고 한다면 표준체중보다 20Kg이 오버된 셈이다. 이 사람은 표준체중을 가진 사람보다 20Kg이나 되는 짐을 메고 일상생활을 영위하고 있는 거나 다름없다.

따라서 비만이 가속되면 체중의 부담을 견디지 못하고 다리나 무릎 관절이 굳어지며 심장도 비대해져 각종 심장병을 야기한다.

이것이 제 1의 물리적인 체중부담 장해이다.

제 2의 피해는 지방이 침투하여 두터운 장애물을 만든다는 것이다. 우리가 섭취한 지방 중 잉여분은 피하에 고여 축적된다.

그런데 이 지방이 계속 축적되면 신장, 간장 같은 중요 장기관의 혈관 벽까지 침투하게 된다.

지방이 심장 내에 축적되면 지방간, 혈관에 축적되면 동맥경화증이 되어 각각 지대한 기능 장애를 초래한다. 비만인 사람이 성인병에 걸리는 이유가 바로 이 때문이다.

제 3의 피해는 당분의 신진대사에 피해를 준다는 것이다.

칼로리를 과잉섭취하면 비만이 되고 당분 신진대사를 방해하여 당뇨병에 걸리게 된다. 비만인 사람이 당뇨병에 걸리기 쉽다는 말도 바로 이 때문이다.

미국에서는 장군 급이 비만에 걸리면 퇴역을 해야 하며 중역이 비만에 걸리면 사표를 내게 한다고 한다. 살이 쪘다고 이렇게 야박한 짓을 할 수 있겠느냐고 항의하겠지만 비만에 걸린 사람은 식욕과의 싸움에서 패배한 사람이고 이것은 의지가 빈약한 사람이란 뜻과 일치한다.

자기 몸을 컨트롤 못하는 사람에게 회사 경영이나 지휘를 맡길 수가 없다는 지극히 합리적이고 냉철한 판단에서 내려지는 조치일 뿐이다.

이것 이외에도 비만인 사람은 갑작스레 급사할 가능성이 높고 판단력이 둔해지며 행동이 민첩하지 못하다는 이유로 인해 물러나게 하는 것이다.

이와 같은 입장에서 생각해 볼 때 경영자나 장차 중역이 될 관리자 들은 비만에 특히 신경을 써야 할 시대에 직면하였음을 자각하여 식생활에 보다 큰 관심을 가져야 한다.

성공마인드

"늦게 오는 기쁨은 늦게 떠난다."
– 베이츠

적정량만 준수하면 술은 보약이다

술은 비즈니스맨의 친구이다. 비즈니스맨 중 90% 정도가 술이나 담배에 의지하며 시름을 달래고 있다.

술에는 여러 가지 약용효과가 있다.

첫 번째 효과로는, 혈액 순환을 좋게 하는 효과가 있다는 것이다.

두 번째로는 에너지를 각 신체부위에 신속 정확하게 공급해 주는 원동력으로서의 작용을 한다는 것이다. 육체노동자들이 집에 오기 전에 술 한 잔 하는 것은 손실된 에너지를 몸 구석구석까지 신속하게 보충해 주는 술의 역할을 생활의 지혜로써 터득한 행위이다. 술 자체에도 높은 영양가가 있어 산에서 조난당한 사람이 술 한 병으로 3일 간 버텼다는 얘기도 있다.

> 세 번째 효과로는 저혈압이다.
> 순간적인 쇼크를 일으킨 사람에게 신체기능을 정상화시키는 데 효과가 있다는 것이다. 유럽에서는 예부터 약방에서 술을 팔았고 가정의 구급약 상자에 알코올은 필수약품으로 갖추고 있다고 한다.

그 외 알코올은 스트레스를 해소해 주는 데도 큰 효과가 있어 현대 사회에서 없어서는 안 될 존재로서 인정받고 있으며 특히 남자들에게는 가장 친한 친구 역할도 하고 있다.

술은 이처럼 약리적인 효과 등 장점이 많은 반면 악평을 들을 만한 나쁜 점도 갖고 있다. 하지만 술의 부작용은 술 자체에 있는 것이 아니라 인간들의 술버릇이 나쁘기 때문이다. 기분 좋게 한 잔 마시고 건강에 유익한 효과를 얻는 사람이 있는가 하면 술이 이기느냐 내가 이기느냐는 식으로 밤새도록 마시는 사람도 있어 효능과 악영향이 극단적으로 나타나게 되는 것이다.

이와 같이 술의 특징을 알고 적정량을 지키면서 간장에 대한 염려와 함께 술을 마신다면 술은 "백약의 으뜸"으로 자신 있게 평가해도 좋다.

담배를 피우되, 건강하게 피워라

비즈니스맨은 담배와 끊을래야 끊을 수 없는 관계에 있다.
"담배를 피우지 않으면 좋은 아이디어가 떠오르지 않는다."라는 광고부 직원, "상담 중에는 한 갑 정도는 피워야 대화가 원만하게 이루어진다."라는 영업부 직원 등.

건강에 좋고 나쁨을 떠나 담배는 비즈니스맨들의 손가락에서 떨어질 줄 모르는 기호품으로 각광을 받고 있다.

하지만 성인병이 난무하는 요즘엔 담배에 대한 원성이 드높아져 "백해무익한 것"이란 악평과 함께 폐암의 원인으로 술보다 더 크게 지탄을 받고 있다.

육체적인 면에서 볼 때 담배는 분명히 인체에 해를 주므로 금연은 당연한 것이지만 정신적인 면에서 볼 때 대단한 효과가 있으므로 자꾸만 담배의 매혹에 넘어가면 금연은 어려워진다.

신체에 미치는 해를 생각하면 끊어야 당연하지만 위에서 설명한 매력적인 요소를 생각하면 그럴 수도 없는 것이 현실이다.

그렇다면 해를 최대한 줄이고 건강하게 담배를 즐기는 요령을 익히는 수밖에는 없다.

건강하게 담배를 피우는 요령은 다음과 같다.

첫 번째 요령은 하루 한 갑 이하로 정한다.
하루에 담배 한 갑을 피웠을 경우 폐암의 발병률은 담배를 피우지 않는 사람과 거의 동일하다는 보고가 있다.

두 번째 요령은 니코틴이 적은 필터 담배를 고른다.
필터 담배로 인해 니코틴의 피해를 최대한으로 줄인다.

세 번째 요령은 1/3만 피우면 미련 없이 버린다.
담배를 다 피우고 버리거나 반만 피우고 버리거나 어차피 돈을 버리는 것은 마찬가지 이다. 그렇다면 건강을 해치지 않기 위해서는 미련을 갖지 말고 가능하면 덜 피우고 버리는 쪽을 택하라.

네 번째 요령은 파이프 담배를 피워라.
담배 진을 흡수하는 기능이 뛰어난 파이프를 선택하라.

다섯 번째는 공복 시나 심한 운동을 하고난 후에는 담배를 피우지 않는다.

이외에도 담배를 많이 피우는 사람은 주 1회 정도 산이나 들에 나가 신선한 공기를 가득 들이키고 감기나 기관지염, 신장병, 위장병에 걸렸을 때는 흡연을 삼가는 배려가 필요하다.

> **성공마인드**
>
> "성공하면 오래 머물지 말 것이다."
> – 사기

Part VII

성공할 수 있는 자기 스타일

[자기진단 테스트]

당신의 일하는
스타일은?

　일을 하거나 그 밖의 일에 있어서 솔선수범형이 있는가 하면 추종지향형도 있다. 당신은 한걸음 앞서서 행하는 타입인가? 뒤에서 따라가기만 하는 타입인가?
　당신은 어떤 스타일인지 알아보자.

1. 일을 빨리 해내지 못하는 사람을 보면 신경질이 납니까?
　　a 아니오. 그다지 느낌이 없다.
　　b 때때로 늦다고 힐책하고 싶다.
　　c 예. 신경질을 내고 힐책하게 된다.

2. 당신은 이것저것 생각하기보다 실행해 보는 편입니까?
　　a 아니오. 잘 생각해 보고 결정한다.
　　b 예. 실행해 보는 편이다.
　　c 실행하기 전에 생각을 고치는 일이 많다.

3. 기한이 있는 일을 할 때 단시간 내에 끝내버리는 편입니까?

    a 예. 빨리 처리해 버린다.
    b 마감일까지 가는 경우가 많다.
    c 아니오. 시간을 가지고 차분히 하기 때문에 항상 마감시간을 넘기게 된다.

4. 아무 일도 하지 않고 하루를 소일하는 일이 자주 있습니까?

    a 예. 자주 있다.
    b 드물지만 있는 편이다.
    c 아니오. 무언가 하지 않으면 마음이 편하지 않다.

5. 평범한 것보다 항상 무엇인가 주목을 끄는 변화를 주고 싶어 합니까?

    a 아니오. 주목을 끄는 경솔한 일은 삼가는 편이다.
    b 때때로, "특별히 시선을 끄는 일을 하고 싶다"고 말할 때도 있다.
    c 예. 새로운 일이나 모험을 좋아한다.

6. "재산이나 지위는 그다지 중요한 일이 아니다"라고 생각하는 편입니까?

    a 때때로 그러한 태도를 보여준다.
    b 아니오. 사회적 성공에 가치를 부여하는 편이다.
    c 예. 정신적인 만족을 중시하는 편이다.

7. 상대방에게 항상 솔직하게 대답해 주는 편입니까?

    a 예.
    b 아니오. 확실한 태도를 보여주지 않는 편이다.
    c 상황에 따라 대답할 때가 많다.

8. 새로운 환경에 빨리 적응하는 편입니까?
   a 보통이다
   b 아니오. 시간이 걸린다.
   c 예.

9. 고민되는 일이 있어도 명랑하게 행동합니까?
   a 아니오.
   b 괴로워하지만 표현하지 않는 편이다.
   c 예. 대개는 항상 기분이 좋다.

10. 여러 가지 사회활동을 하고 싶어 하는 편입니까?
    a 예. 지역적인 활동, 예를 들면 반상회에도 적극 참여하는 편이다.
    b 의뢰를 받으면 하는 정도다.
    c 아니오. 그다지 관심이 없고 소극적이다.

11. 일하는 방식이 다른 사람보다 훨씬 빠른 편입니까?
    a 보통이다.
    b 예. 능률적으로 일을 처리하고 속도가 빠른 편이다
    c 아니오. 항상 다른 사람보다 늦은 편이다.

12. 다른 사람의 태도나 행동을 비판하기보다 솔선하여 실행하는 편입니까?
    a 예.
    b 솔선하여 하는 경우도 있다.
    c 아니오. 비판적으로 보고 자신의 행동에 신중을 기한다.

13. 당신의 동작은 빠르고 민첩합니까?

    a 예.

    b 보통이다.

    c 다른 사람보다 느린 편이다.

14. 다른 사람의 일에 공연히 참견하는 편입니까?

    a 예. 남의 일을 돌봐 주기를 매우 좋아한다.

    b 아니오. 다른 사람의 일에는 그다지 관심이 없다.

    c 때로는 여러 가지로 돌봐준다.

15. 사고방식이나 이론을 논하는 것보다 현실의 문제를 처리 하는 것이 더 자신이 있습니까?

    a 예. 이치에 맞지 않는 말로 우기기보다 행동을 앞세우는 편이다.

    b 거의 비슷하게 처리한다.

    c 아니오. 이론적으로 따져서 생각하는 편이다.

 당신이 선택한 항목에 O표를 하여 합계를 내십시오. 점수의 합계가 당신의 타입입니다.

Q\A	1	2	3	4	5	6	7	8	9	10	11	12	13	14	15	소계	합계
a	1	1	2	0	1	2	3	2	1	3	2	3	3	3	3	( )	
b	2	3	2	2	2	3	1	1	2	2	3	2	1	1	2	( )	
c	3	2	1	3	3	1	2	3	3	1	1	1	0	2	1	( )	점

Part Ⅷ 성공할 수 있는 자기 스타일

판정결과

37점 이상 : 새로운 일에도 대담하게 도전하는 적극파.

결단력이 우수하여 어떠한 일에도 적극적인 타입이다. 자신의 일 뿐만 아니라 다른 사람의 일에도 적극적이다. 사회적인 문제에 관심이 많고 흥미를 가지고 참여하고자 한다. 사교적이고 명랑하여 남의일 돌보기를 좋아한다.

폭넓은 인간관계를 유지하여 많은 사람과 접촉하기를 좋아하지만, 가는 사람을 붙잡지는 않는다. 자신이 소속한 조직의 외부 정보에 정통하고 강력한 연고관계와 동지적 인맥을 만드는 것을 잘 한다. 호의적인 사람에게는 매우 협조적이지만 감정적으로 응어리 진 사람에게는 공격적으로 나온다. 계산에 밝아 좋게 보일 때도 있으며 사소한 일에는 그다지 집착하지 않는다.

"새로운 일에도 대담하게 도전하지만 다소 경솔한 면도 있고 실수도 많다. 결과에 대한 기대도 크지만 단념이 빠른 단점이 있다."

25~36점 : 주의 깊게 정세를 파악하여 행동하는 협조파.

자신이 잘 아는 분야에는 적극적으로 나서기도 하나 대개는 추종하는 타입이다. 정세 판단이 신중하고 적은 정보에 의지하여 다른 사람보다 먼저 하는 일은 피한다. 그러나 주변의 움직임을 방관하지만은 않고 다른 사람의 행동이나 객관적 상황을 주의 깊게 관찰하기 때문에 상황에 접해서는 현실적으로 행동한다.

자신이 있더라도 혼자서는 돌진하지 않고 협동을 존중하는 협조파. 새로운 일에는 다소 소극적인 태도를 표시하지만 다른 사람에게 피해를 주지는 않는다. 경험을 중시하고 모험보다 안정을, 속도보다 과정을 중요시하는 온화한 평화주의자이다.

"인간관계를 매우 중시하기 때문에 기회주의적으로 보이는 경우도 있다."

24점 이하 : 스스로 하려는 용기가 부족하고 매우 조심하는 신중파.

대외적인 활동에 소극적이고 대인관계도 좁다. 스스로 하려는 용기가 결핍되어 결단이 늦고 무엇을 하더라도 시간이 걸린다. 충분히 이해할 때까지 행동을 하지 않기 때문에 상황변화에 대응하기 싫어하는 경우가 많고 나쁜 인상을 준다. 그러나 책임감은 강하고 자신이 책임진 일은 침착하게 시간을 가지고 잘 마무리한다. 시작은 느리지만 일단 시작하면 안전하게 진행시켜 가기 때문에 상당한 장애물이라도 극복하는 저력을 지니고 있다. 능률보다 마무리의 완성도에 중점을 두고 완벽을 지향하여 몇 번이라도 고쳐나간다. 사소한 일도 구애를 받아 자신의 행동방식은 그다지 변하지 않는다.

"조심성이 많고 냉정하게 행동하기 때문에 실수나 실패가 적지만 큰 위험이나 파국이 목전에 다가오면 대처할 능력을 잃는다. 그러한 경우에는 주위 사람들의 조언을 듣도록 하라."

당신의
사업수완은?

대부분의 사람들이 자기 사업을 해보고 싶어한다.
하지만 마음만 가지고 선뜻 뛰어들기에는 상당한 자금과 준비가 필요하다. 당신은 "사장님"이 될 수 있는 자질을 갖고 있는지 알아보자.

1. 모험을 해서라도 자신이 하고 싶은 일을 하는 편입니까?
   a 예.
   b 아니오. 생활의 안정을 중요시 한다.
   c 별로 모험은 하지 않는다.

2. 당신이 사업을 시작한다면 무엇을 중요시 하겠습니까?
   a 인재의 활용
   b 마케팅
   c 자금계획

3. 하나의 일을 차분하게 계획적으로 수행하는 편입니까?
   a 아니오. 새로운 일이 있으면 곧 그 일을 하고 싶어 한다.
   b 예. 차근차근 수행한다.
   c "안된다." 라고 느끼면 그만두려고 한다.

4. 자립한다면 "개업자금"은 어떻게 조달할 예정입니까?
   a 아는 사람으로부터 빌리거나, 은행융자로
   b 자기자금으로
   c 출자금을 모아서 회사를 설립한다.

5. 결과를 예측할 수 없는 일이라도 자신이 좋다고 판단되면 소신껏 도전하는 편입니까?
   a 아니오. 결과가 예측되지 않는 일은 하고 싶지 않다.
   b 예. 도전한다.
   c 친구 등과 의논하고 결심한다.

6. 사업을 시작할 때 운영자금은 어떻게 융통하겠습니까?
   a 매상금과 지불수표로 회전한다.
   b 매상으로 부족한 것은 은행에서 보충한다.
   c 자기자본과 매상 범위 내에서 회전시킨다.

7. 어디에 사용했는지 모르게 돈이 없어진 적이 있습니까?
   a 예. 자주 있다.
   b 때때로 있다.
   c 아니오. 돈의 용도를 항상 메모하여 계획적으로 사용한다.

8. 당신이 중소기업의 경영자가 된다면 거래처에의 지불은 현금으로 결재하겠습니까?

    a 예. 현금주의로 나간다.
    b 아니오. 약속어음으로 지불한다.
    c 현금과 어음을 병용한다.

9. 귀찮은 일이라고 도중에 그만 두는 일은 없습니까?

    a 예. 없습니다.
    b 아니오. 집어던진 일도 있다.
    c 때때로 있다.

10. 서울 시내에서 레스토랑을 경영하게 된다면 제일 먼저 무얼 준비하겠습니까?

    a 업자를 찾아서 인테리어 디자인을 계획
    b 입지조건이 좋은 점포를 선택
    c 개업자금의 조달과 자금계획

11. 장래를 대비하여 차근차근 저축하는 편입니까?

    a 예. 계획적인 저축을 한다.
    b 생각만큼은 되지 않는다.
    c 아니오. 현재의 생활을 멋있게 즐기는 편이다.

12. 사업을 개인경영으로 진행하는 경우 노동력은 어떻게 확보 하겠습니까?

    a 신문 등에 구인광고를 낸다.
    b 동료를 모아 그룹을 만든다.
    c 우선 가족이 뭉쳐서 시작한다.

13. 현재 진행 중인 일이 있는데도 별도의 새로운 일을 시작하기도 합니까?
　　a 예. 좋다고 생각되면 손을 댄다.
　　b 아니오.
　　c 여유가 있다면 생각해 본다.

14. 판매회사를 설립하여 사장이 된다면 우선 착수할 일은 무엇이라 생각합니까?
　　a 사무실과 직원을 구한다.
　　b 구입처와의 가격교섭
　　c 판매선과 단골확보, 시장개척

15. 한 번 하려고 결정한 일은 일상생활을 희생해서라도 하는 편입니까?
　　a 아니오. 생활을 흐트리고 싶지 않다.
　　b 가족과 의논하여 결정한다.
　　c 예. 상품판매를 제일주의로 생각하고 일상생활은 두 번째다.

 채점표에 따라서 선택한 기호에 O표를 하여 득점을 합계하십시오.

Q\A	1	2	3	4	5	6	7	8	9	10	11	12	13	14	15	소계	합계
a	3	1	1	1	1	1	3	3	1	3	1	1	1	0	( )		
b	1	2	3	3	3	2	2	0	0	2	1	2	3	2	1	( )	
c	2	3	2	2	2	3	3	1	1	3	0	3	2	3	3	( )	점

판정결과

37점 이상 : 사업가의 가능성은 충분하고 자립해도 성공률은 높다.

고득점자로서 사업가의 소질이 있다. 샐러리맨이 "탈샐러리맨"할 경우에 가장 흔한 것은 전직을 활용하는 방법. 1/ 전문적 기술, 지식 활용형, 2/ 인간관계 활용형, 3/ 거래처 이용형 등 3가지 타입이 있다. 전부 활용한다면 더 이상 바랄 것이 없지만 그렇게 되지 않는 것이 현실. 1.2.3.의 순서로 활용할 때는 성공률이 높다. 1의 전형은 시스템, 엔지니어, 프로그래머, 설계자, 경리전문가 등 혼자서도 할 수 있는 스페셜리스트. 2는 말하자면 "얼굴과 직함"으로 승부하는 타입. 3은 세일즈맨에 많지만 거래처를 이용하는 것은 회사와의 이해가 엉켜서 꽤 어렵다.

"자신이 사업을 시작할 때는 우선 타인에게 지지 않는 특기, 능력과 용기가 필요. 그 외에 한 번 생각하면 기어코 해내고야 마는 끈질긴 근성이 필요. 경영이 안정될 때까지는 밤낮 없는 생활을 각오하라."

24~36점 : 자립하기에는 우선 "자금계획"이 중요.

성공의 가능성은 충분하지만 신중을 기하는 편이 좋다. 우선 자기 혼자서 무엇을 할 것인가를 잘 확인하지 않고는 "도중하차"하기 쉽다. 남의 협력도 필요하지만 타인을 전적으로 의지하면 실패한다. 특히 "자금계획"이 무엇보다 우선이다. 남의 호주머니를 기대하지 말 것.

사업상의 위험은 자신이 승부한다는 결심으로 시작하지 않으면 성공하지 못한다. 유망한 상품을 개발해도 사업으로서 발전되지 않는 것은 자금난으로 고충 받는 까닭 때문이다. 어떻게 해서라도 자립해야 한다면 최저 1년 간은 무수한 어려움을 견딜 수 있다는 각오가 필요.

"모험을 싫어하는 안전제일을 추구하는 사람은 사업을 해서는 안 된다. 사업은 도박이기도 하다. 게다가 남에게 과시하려는 의도라면 끝장. 자신이 마련할 수 있는 자금력으로 출발해야 한다."

23점 이하 : 자기 혼자서 어디까지 할 수 있는가가 문제.

아직 "탈샐러리맨"을 결단해서는 안 된다. "하고 싶다"는 것과 "할 수 있다"라는 것은 별도. 똑똑한 사람으로부터 유혹을 받아 이용당하는 함정에 걸릴 수가 있으므로 주의할 것. 또 상당한 자금을 동원할 수 있는 여유가 있어도 사업은 돈으로만은 성공하기 어렵다.

돈을 벌 수 있는 조직을 만드는 일이 중요하다.

때문에 장래 자립을 희망한다면 하고자 하는 일에 대하여 철저하게 연구하고 조사한 후에 자신의 능력이 어디까지 가능한지 검토하는 일이 필요. 그리고 신뢰할 수 있는 동료를 발견해 두는 일이 중요하다. 반드시 현금주의로 초지일관하는 일을 잊지 말도록.

"돈의 세계는 한치 앞을 내다보지 못한다. 단골에도 상품에도 "절대 안전"은 없다. 결국은 자기 자신만의 의지일 뿐이다. 현재로서는 회사원으로 있는 편이 마음 가볍고 자신을 위해 좋을 듯."

당신의
정보능력은?

당신은 정보능력이 우수한가? 정보범람 시대에 어떤 대응을 하고 있는가? VAN, INS-뉴미디어가 꽃을 피우는 고도정보 사회에 돌입하면 정보를 다스리는 자가 승리한다고 한다. 가치 있는 정보를 수집하여 자기 것으로 만들 수 있는가 알아보자.

1. 당신은 사람들의 동정에 대한 호기심이 강한 편입니까?
    a 다른 사람과 비슷하다.
    b 아니오. 진귀한 일이나 특이한 이야기 외에는 관심이 없다.
    c 예. 굉장히 호기심이 강하다.

2. T.V 프로 중 우선 순위로 보는 프로는 어떤 것입니까?
    a 1-스포츠중계 2-드라마, 퀴즈 3-뉴스, 보도특집
    b 1-뉴스, 보도특집 2-스포츠중계 3-드라마, 퀴즈
    c 1-음악, 쇼 3-드라마, 퀴즈 3-스포츠중계

3. 유행하는 패션에 신경을 쓰는 편입니까?

   a 예. 시대에 뒤떨어지지 않도록 신경을 쓴다.
   b 아니오. 신경을 쓰지 않는다.
   c 보통이다.

4. 당신에게 관계있는 비즈니스 정보를 어느 범위 내에서 수집 합니까?

   a 일, 동업자
   b 사내관계, 친구
   c 업무전반, 전문가

5. 사람들의 소문에 민감합니까?

   a 예. 굉장히 민감합니다.
   b 아니오. 흥미가 없다.
   c 자신에게 관계있는 일에는 민감하다.

6. 자신에게 필요한 정보는 반드시 입수하게 됩니까?

   a 예. 모든 수단을 동원하여 수집한다.
   b 친구나 동료에게 물어서 알 수 없을 때는 단념한다.
   c 서점이나 도서관에서 관계있는 책이나 자료를 찾아서 입수한다.

7. 신문은 매일 어느 정도 읽습니까?

   a 사회면과 스포츠난을 중심으로, 10분 전후.
   b 1면에서 광고까지 포함해서, 20분 이상.
   c 일간지를 눈으로 대충 훑는 정도, 5분 이하.

8. 일과 관계있는 전시회는 가능한 한 가서 봅니까?

   a 예. 반드시 본다.
   b 때때로 본다.
   c 아니오. 별로 보지 않는다.

9. 당신이 가장 접근하기 쉬운 정보원은 어떤 것입니까?

   a T.V, 주간지   b 신문, 잡지
   c 친구와의 대화

10. 상사로부터 지시받은 조사에 관하여 정보가 필요 이상으로 수집되었을 때 어떻게 처리합니까?

    a 다시 한 번 정리한 뒤에 전부 상사에게 보고한다.
    b 정보원을 체크하여 정확성을 확인하고 선별 보고한다.
    c 시간적으로 새로운 정보만을 보고한다.

11. 당신의 대인 관계는 회사나 일이 중심이 되어 있습니까?

    a 예. 대개 일과 관계가 있다.
    b 회사 내에서는 친구를 제한하지 않는다.
    c 아니오. 회사 이외에도 여러 분야에 폭넓은 인맥을 갖고 있다.

12. 당신의 목표대로 좋은 정보를 입수할 때 반대 정보도 될 수 있는 대로 수집하여 분석해 봅니까?

    a 반대 정보는 수집하지 않는다.
    b 적극적으로 수집하는 편은 아니다.
    c 예. 정보는 다각적으로 수집하여 분석한다.

13. 당신은 정보를 돈으로 바꾸는 능력을 지니고 있습니까?
   a 예, 정보를 활용하여 상품화 할 수 있다.
   b 자신 혼자서는 어렵지만 동료와 의논하면 가능하다.
   c 아니오. 정보만으로는 어렵다.

14. 언제나 수첩이나 메모를 활용합니까?
   a 예.
   b 아니오. 가지고 있지 않다.
   c 필요한 때 이외에는 활용하지 않는다.

15. 당신 혼자서 거래처를 조사한다면 무엇부터 착수합니까?
   a 동업자에게 평판을 듣는다.
   b 사내 자료를 우선 모아본다.
   c 거래처의 사원과 친하게 되어 이면(비밀)의 정보를 얻는다.

 채점표에 따라서 선택한 기호에 O표를 하여 합계를 내십시오.

Q\A	1	2	3	4	5	6	7	8	9	10	11	12	13	14	15	소계	합계
a	2	2	3	2	3	4	2	3	2	1	2	0	3	3	1	( )	
b	1	3	1	1	1	0	3	1	3	3	1	1	2	0	2	( )	
c	3	1	2	3	2	2	1	0	1	0	3	3	1	1	3	( )	점

37점 이상 : 외향적인 안테나를 길게 뽑고 다녀서 정보에 민감하다.

자신과 관계가 많지 않은 일에도 왕성한 호기심을 지니고 있어 정보 수집력이 높다. 목표한대로 모은 정보원을 재빠르게 파악하여 자신의 필요한 정보를 반드시 손에 넣으려는 의욕과 능력이 뛰어나다.

그러나 중요한 문제는 넘치는 정보를 어떤 방법으로 선별하여 활용 하는가에 있다. 정보를 분석하여 효율적으로 키로-걸러내듯-가려내는 것에는 1)정확성, 2)필요성 3)최신성, 4)객관성을 기준으로 하여 신속한 정리를 하는 일이 중요하다. 이것이 정보능력이다.

"외향적인 타입으로 유능한 저널리스트, 리포터, 증권맨에게 유리하다."

35~25이상 : "넓고 얇게 보다 깊게 밭을 가는 작전"을 취하라.

사회적인 문제에 관심을 가지고 매스컴 정보를 그대로 받아들이는 상식. 특히 회사나 일에 관계있는 뉴스에는 특별한 정보망을 가지고 있지 않는가 하는 생각이 들만큼 민감하고 대응도 합리적이며 빠르다. 그러나 한 발 앞서 그 정보를 추구할 정도의 정열은 없고 TV 정보 등을 중심으로 소문, 평판에 이야기꽃을 피우는데 만족하고 있다.

자기에게 관계있는 정보는 줄줄이 알지 못하지만 유명 탤런트의 스캔들에는 흥미가 많다.

"일 중심으로 정보망을 넓게 뻗지만 중요한 것은 정보 그 자체가 아니고 수집한 정보를 분석한 후에 나오는 "성과예측"에 있다. 넓고 얕은 것보다는 "깊게 밭을 가는 작전"을 취하라."

24점 이하 : 세속적인 정보에는 관심이 없다.

안테나는 굉장히 민감하지만 대체로 자기 이외의 세속적인 움직임에는 관심이 없고 정보수집의 범위도 좁다.

반대로 자기가 흥미를 가지고 있는 분야는 책을 잘 읽고 자료를 정리하거나 깊이 있는 지식과 새로운 정보를 꾸준히 축적한다. 수집광에게서 많이 볼 수 있는 타입. 자기의 가치 판단 기준이 분명하여 타인의 의견이나 정보에는 당황하지 않는 저항력을 지니고 있다. 세상에는 둔한 사람으로 "전문바보" 같은 면도 있다. 학자나 연구원 중에서도 내향적인 사람에게 많은 타입.

"매스컴 정보를 꽤 비판적으로 보는 편이다. 그러나 현대는 기술 혁신의 템포가 빠른 시대이기 때문에 매스컴 정보보다 더 폭 넓은 정보에도 눈을 돌리는 것이 적당하다."

당신의
기획능력은?

기획은 단순한 계획이 아니다. 계획을 잘 손질하고 충실하게 다듬어서 사람을 움직이는 요령이 요구되는 승부이다. 물론 계획에 따라 정확하게 시간을 맞추는 정확한 스케줄이나 예산도 필요하지만 가장 중요한 것은 "아이디어". 당신의 기획력은 어떤지 알아보자.

1. 당신은 작고 미세한 일에도 구애되는 편입니까?
   a 아니오. 대범하게 일을 처리하는 편이다.
   b 예. 작은 문제에도 신경을 쓴다.

2. 좋고 싫은 것은 별도로 하고 수학문제는 어느 유형에 자신이 있습니까?
   a 도형이나 그래프의 문제를 푸는 것에 자신이 있다.
   b 수식을 계산하는 것에 자신이 있다.

3. 새로운 일을 시작하는 경우 편안함 마음으로 시작합니까?
   a 예. 희망을 가지고 시작한다.
   b 아니오. 쓰라린 실패의 경험을 생각하고 신중히 구상한다.

4. 이벤트를 기획하는 것이라면 어느 것을 중시합니까?
   a 자신과 직관, 상상력
   b 과거의 주제, 통계자료.

5. 무슨 일에도 참을성이 강하며 착실한 편입니까?
   a 아니오. 주저하지 않는 편이지만 끈기가 조금 부족하다.
   b 예. 마음을 가다듬고 꾸준히 노력한다.

6. 노래방에서 노래를 부르는 경우, 어떤 곡을 선택하는가?
   a 팝송이나 신곡.
   b 흘러간 노래, 유행가

7. 업무에 매달려 있을 때 일의 순서에 따라서 시작합니까?
   a 아니오. 대충 시작하는 편이다.
   b 예. 차분히 준비를 한 후에 시작한다.

8. 조금 딱딱한 책을 읽을 때 차분히 정독합니까?
   a 아니오. 우선 본문을 읽기 시작하고 내용은 대충 파악한다.
   b 예. 머리말부터 차분히 읽는다.

9. 회사에서 시간이 날 때 어떻게 합니까?
   a 동료들과 커피를 마시거나 간식을 먹는다.
   b 혼자서 조용히 생각하거나 책을 읽는다.

10. 새로운 부서에 배치되는 경우 어떻게 일을 시작합니까?
    a 다른 사람이 어떻게 처리해 왔나 알기보단 자신이 생각한 대로 시작한다.
    b 전임자가 어떻게 일을 처리했는가, 전례를 검토한 후에 착수한다.

11. 자신의 기분이나 감정이 곧 얼굴에 나타나는 편입니까?
    a 예.   b 아니오. 별로 나타나지 않는다.

12. 취미를 택한다면 다음 중 어느 것을 고르겠습니까?
    a 작곡, 미술, 악기   b 영어회화, 테니스, 골프

13. 어떤 일을 할 때 곧 결심이 서는 편입니까?
    a 예. 끙끙거리며 생각하지 않는다.
    b 아니오. 잘 생각한 뒤 결정을 내린다.

14. 어떤 내용의 소설을 좋아합니까?
    a 공상소설이나 환상적 로맨틱한 소설.
    b 다큐멘터리나 전기 등 사실적인 타입.

15. 비교적 단조로운 일을 할 때 빨리 완결하는 편입니까?
    a 예. 빨리 처리하고 쉰다.   b 아니오. 천천히 한다.

16. 음악이나 라디오를 들으면서 일을 하면 잘되는 편입니까?
   a 예. 기분전환이 되어 일이 잘되는 편이다.
   b 아니오. 신경이 쓰여 능률이 오르지 않는다.

17. 실패에 넌저리를 내는 편입니까?
   a 아니오. 실패는 성공의 어머니라고 생각한다.
   b 예. 실패는 두 번 다시 하고 싶지 않다.

18. 언제나 수첩을 가지고 다니며 메모는 항상 합니까?
   a 아니오. 필요에 따라서 종이에 메모하는 정도다.
   b 예. 매일 사용한다.

 선택한 기호에 O표를 하여 합계를 내십시오. O표가 많은 쪽에 당신의 타입입니다.

Q\A	1	3	5	7	9	11	13	15	17	소계	형
A											
B											
Q\A	2	4	6	8	10	12	14	16	18	소계	형
A											
B											

Aa형 : 방대한 꿈을 가지고 전략적인 발상을 한다.

장래의 가능성을 꿈꾸며 커다란 구상을 머릿속에 갖고 있다. 과거의 관습이나 전례에 얽매이지 않고 자유분방한 사고, 재치와 기상천외한 상상력으로 대범하게 웅대한 전략적인 발상을 전개하며 자신감이 가득찬 상태로써 사람들에게 이야기한다.

특히 사회적 일에 관심이 강하며 상식을 뛰어넘는 독특함으로 혁신적인 아이디어를 명확하게 내세운다.

남보다 먼저 시대를 앞서며 대중의 인기를 노리는 야심적인 기획을 좋아하고 모험적인 사업을 지향하는 로망파.

신기성과 규모가 큰점이 특징.

"기본적인 계획이 막다른 곳에 이르면 눈앞의 정세분석에는 어두운 경향이 있고 과대망상이 될 가능성이 있다."

Ab형 : 남 흉내에 능숙하고 실용적인 계획을 세운다.

일상의 생활이나 보통 업무와 관계있는 현실적인 기획이 우수하다. 일의 모순을 발견하여 개선하거나 조정하는 점이 뛰어나다. 그러므로 다소 상식적인, 일반인이 이해하기 쉬운 실제적인 발상을 한다.

더구나 타인의 장점을 발견하여 순응하는 것이 빠르기 때문에 "남의흉내"를 자연스럽게 낸다.

자신의 아이디어를 회전시켜 조화시키면서 착실히 자기 것으로 만드는 타입. 일을 생각해내기 보다는 타인의 기획을 실행하는 편이 자신 있다.

"깜짝 놀라게 하는 기발함은 없지만 주위에 항상 관심을 가지고 두루 살피는 눈이 있어 실용성이 풍부하다."

Ba형 : 창조성을 활용하는 참신한 이미지.

이론과 마찬가지로 영감을 중요하게 여기는 독창파. 일의 본질을 날카롭게 분석하여 논리적인 인식을 심화시킨 후에 초현실적인 상상력으로 이미지를 재구축하는 예술가 타입.

비일상적인 테마의 감각적인 기획에 자신만만하며 상식을 깨뜨려 버리는 참신함을 마음속에 간직하고 있다. 훌륭한 작곡가나 순수 문학자에게 흔히 이런 유형이 많은데 너무 관념적이어서 때로 현실성이 결여되는 때도 있다.

"창조성은 풍부하지만 실제적인 행동력은 부족하다."

Bb형 : 숫자와 데이터로 단단히 다지는 견실노선.

작은 숫자와 과거의 자료를 존중하여 면밀한 계획을 세우는 이론파. 현상을 비판적으로 보고 독자적 기획을 차분히 기안해 내지만 세부적인 일에 지나치게 구애되기 때문에 조촐하고 아담하게 정리해 버린다. 따라서 재미와 기발함이 부족하다.

착실하게 생각하며 신중하게 행동하기 때문에 실패와 실수가 적다.

빈틈이 없고 꽉 짜인 스케줄을 기초로 하여 무리 없는 단기적인 계획을 기호에 따라 세운다.

현상유지와 안전을 제일로 생각하는 견실그룹.

"놀이의 정신이 부족하다. 그러나 기획은 단순한 계획이 아니다. 사람을 움직이는 장치와 즐거움이 중요함에 주목하라."

성공마인드

"자기가 원하지 않는 일은 남에게 권하지 말라."
- 논어

당신의 영업력은?

거리에 사람이 넘쳐나고 있고 구인광고의 70% 이상이 영업, 판매직이다. 당신은 영업분야에서 성공할 수 있을까.

당신의 영업능력을 체크해 보자.

1. 남으로부터 해야 할 일을 지시받으면 일 할 기분을 잃어버리는 편입니까?
   a 별로 기분이 나지 않는다.
   b 좋다고 느낀 일은 솔직히 따른다.
   c 예. 안달하며 반발심을 느낀다.

2. 처음 대하는 사람과도 조금만 이야기해 보면 곧 마음을 터놓고 사귀게 됩니까?
   a 예.
   b 처음 만난 사람과 이야기할 때는 거북하고 당황해 한다.
   c 무뚝뚝하고 붙임성이 없는 편이기 때문에 처음 인상은 좋지 않을 것이라 생각한다.

3. 지난달의 판매 실적이 (10명 중 6위)라고 발표되었다. 이날부터 어떻게 하겠습니까?

    a 지난달은 컨디션이 좋지 않았을 뿐이다. 이달엔 톱〈TOP〉이 되어 보겠다.
    b 보너스 기간까지는 아직 4개월이 남았다. 당분간은 지금 이대로 하겠다.
    c 판매계획을 세워서 서두르지 않고 장기전에서 승리하도록 열심히 하겠다.

4. 체력에는 자신이 있습니까?

    a 예   b 힘이 드는 일은 무리다.
    c 체력이 강한 편은 아니지만 끈기가 있다.

5. 부하 직원에게 점심식사를 샀을 때 계산을 어떻게 합니까?

    a 주머니에서 만 원짜리들을 꺼내면서 부하에게 "천 원짜리가 있는가" 하고 물어본다.
    b 지갑에서 구겨지지 않은 만 원권 지폐를 꺼내 지불한다.
    c 거스름돈이 남지 않도록 꼭 맞게 지불한다.

6. "세일즈를 하기 때문에 비참하다"고 느낄 때 자신에게 어떻게 말합니까?

    a 편한 일은 아니다.
    b 이대로 할 수밖에 없다.
    c 영업 이외에는 자신 있는데.

7. 계획을 잘 세워서 행동에 옮기는 편입니까?

    a 계획은 세워도 대개 계획이 무너져 버린다.
    b 아니오. 되는 대로 맡기는 편이다.
    c 예.

8. 감정의 기복이 심한 편입니까?

    a 갑자기 화를 내고는 한다.   b 아니오. 감정의 변화는 없다.
    c 흥분하면 분별없이 행동할 때도 있다.

9. 어떤 일이든 욕심이 많아서 지기를 싫어하는 편입니까?

    a 남에게 신경 쓰지 않고 내 페이스대로 나간다.
    b 예. 언제나 TOP집단에 마음이 쓰인다.
    c 투쟁심을 노골적으로 드러내어 경쟁하지는 않지만 끈기 있게 열심히 일한다.

10. 매일 일이 바빠서 자신의 시간이 없을 경우 어떤 생각을 합니까?

    a 업무와 개인 시간을 양립하는 것은 어려운 일이다.
    b 업무제일주의, 불평하지 않고 참고 일한다.
    c 업무 우선으로 일하지만 자신의 시간에도 신경을 쓴다.

11. 새로운 고객이 자신을 싫어하는 타입으로 아무리 공략해도 들어주지 않을 것 같을 때 어떻게 합니까?

    a 업무의 능력을 고려하여 다른 손님을 찾는 일을 택한다.
    b 판매를 위해선 감정을 억누르고 몇 번이고 방문해서 돌파구를 찾아낸다.
    c 고객과 마음이 잘 맞는 동료를 데리고 간다.

12. 상사나 선배의 명령에는 복종합니까?

    a 예.
    b 명령과 지시를 받는 것에는 거부감이 든다.
    c 납득하기 어려운 것은 다시 질문하는 편이다.

13. 동료와 논쟁으로 멀어지게 되었을 때 어떻게 대처합니까?
    a 마음에 들지 않는 녀석은 무시한다.
    b 상대편이 말을 걸 때까지 기다린다.
    c 자신이 먼저 말을 걸어 사이좋게 되도록 노력한다.

14. 영업, 판매, 서비스 관계 일은 미래의 인기 직업 이라고 생각합니까?
    a 인기가 있다고 하지 않아도 점점 지위가 향상될 것이다.
    b 예. 어느 회사에서든 핵심 분야가 될 것이다.
    c 아니오. 누구나 할 수 있는 일이므로 인기직종은 못될 것이다.

15. 매출의 신장이 없는 부하가 있다면 어떻게 하겠습니까?
    a 잘 지도하여 반드시 판매할 수 있도록 긴 안목으로 지켜본다.
    b 세일즈는 재능이기 때문에 되도록 빨리 배치전환을 생각해 본다.
    c 지도는 하지만 본인이 하겠다는 마음가짐이 중요하다. 좀 더 독려를 해 본다.

 선택한 기호에 ○표를 하여 득점을 합계 하십시오.

Q\A	1	2	3	4	5	6	7	8	9	10	11	12	13	14	15	소계	합계
a	2	3	2	3	1	3	2	1	1	1	3	1	2	3		( )	
b	3	2	1	1	2	2	1	3	2	2	3	1	2	3	0	( )	
c	1	1	3	2	3	1	3	2	3	3	2	2	3	0	1	( )	점

판정결과

39점 이상 : 영업 간부 유력후보.

업무에 적극적으로 몰두하고 계획적으로 목표를 달성하는 유능한 영업맨의 전형.

대인관계에서도 지도성을 발휘하여 그룹을 통합시키는 힘을 갖고 있으며 벌써부터 매니저, 관리직의 적성이 있다.

"영업 간부의 유력후보. 그러나 자신의 실적을 뽐내지는 말라. 조직관리를 철저히 할 것. 외향성의 사람은 지속성에 유의해야 하며 내향성이 강한 타입은 대인관계에 적극성을 갖는 마음가짐이 대단히 중요."

32~38점 : 세일즈왕을 노린다.

업무에 대한 의욕, 행동력이 풍부하며 남에게 주는 인상도 좋다.

상위층의 영업맨에게 많이 나타나는 타입. 실적예측을 하면 이미 베테랑의 위치에 도달해 있으며 매니저의 적성도 충분히 갖추고 있다.

"젊은 사람이라면 신인상 후보. 주의할 점은 우선 자기 위주로 뛰지 않는 일. 독불장군처럼 혼자 행동하는 것을 삼갈 것. 계획적으로 사고하고 차분히 업무에 몰두하는 자세가 가장 중요함. 목표 설정을 보다 더 높게 하세요."

25~31점 : 이제부터 성장할 타입.

평균 이상의 실적이 기대된다. 의욕, 자신, 사고성, 계획성, 조직 순응성도 평균층 집단에 속해 있어 이제부터 성장할 타입이다. 성적이 점점 좋아지며 업무도 즐겁게 하게 되며 그룹을 리드해 나갈 능력도 있다. 협조성과 목표추구에 대한 마음가짐도 좋다.

"목표 관리에 중점을 두고 상사의 지도에 고분고분한 태도로 임할 것. 그렇게 한다면 조직의 요청이나 다른 사람의 의견에 적극적으로 맞추어 나갈 수가 있게 된다."

18~24점 : 영업은 "태도능력"으로 승부할 것.

아직 실력을 발휘하지 못하고 있다. 영업은 단거리 경주가 아니고 호흡이 긴 마라톤 레이스. 매출이 신장되지 않는다 해도 쉽게 포기해 버리는 일은 절대금물.

"영업맨으로서의 가장 중요한 것은 "적극적인 태도"다. 태도야말로 능력인 것이다. 세일즈의 재능, 지식보다 "태도능력"이 보다 중요한 전력이 된다. 하겠다는 마음이 있어도 태도가 나쁜 사람보다 비록 의욕은 작을지라도 태도가 좋은 사람이 이긴다는 점을 충분히 인식할 것."

17점 이하 : 태도는 노력 다음으로 개선가능.

　영업은 누구라도 할 수 있는 장사일지도 모르지만 이만큼 중요하고 어려운 일은 없다. 지식이나 생각의 깊이가 깊어야 하고 끈기도 요구된다. 영업이 부진한 기업은 반드시 무너지게 된다. 우선 이 점을 잘 이해해서 뛰어들어야 한다.

　"태도, 마음가짐에 문제가 있다. 우선 자기개선에 대한 노력을 할 것. 성격은 변화시키기 어렵지만 태도는 노력한 만큼 개선이 가능하다. 영업의 알맹이는 재능보다 "태도능력"으로 결정된다. 회피하면 안 된다."

성공마인드

"고귀한 인물은 좀처럼 자기의 운명을 탓하지 않는다."
　- 쇼펜 하워

당신의
잠재능력은?

머리의 운동에도 오른손잡이, 왼손잡이의 차이가 있다고 한다. 한국인은 왼쪽 뇌를 많이 사용하지만 오른쪽 뇌를 좀 더 개발시키지 않으면 창조성이 발휘되지 못한다. 당신의 머리는 어떨까?

1. 당신은 어느 분야의 일에 좀 더 자신이 있습니까?
   a 설계도나 일러스트를 그리거나 그것을 보고 조립하는 것
   b 전표정리나 수지계산 등 사무처리 하는 일
   c 외출해서 거래처와 교섭하는 대외적인 분야

2. 학창시절 가장 흥미 있었던 과목은 어느 것입니까?
   a 국어, 사회, 이과
   b 음악, 공작, 자유연구
   c 보건체육, 자습시간

3. 당신의 가슴에 좀 더 와 닿는 음악은 어느 것입니까?
    a 트로트, 민요   b 록, 뉴뮤직
    c 클래식

4. OA나 퍼스컴에 관해서 어떻게 생각하고 있습니까?
    a TV게임이나 오락할 때 이용하고 싶은 정도다
    b 카탈로그를 참고하여 대체적인 목표를 정하겠다.
    c 입문서부터 전문서를 대충 훑어보아 기회가 있다면 프로그래밍을 배우고 싶다.

5. 업무로 인한 스트레스 해소에 대해 어떤 대응책을 갖고 있습니까?
    a 일 도중에 잠시 쉬거나, 오락을 한 후 다시 일에 몰두한다.
    b 매일 조금씩 게임이나 스포츠를 생활 중에서 즐긴다.
    c 오락이나 스포츠에 관심이 없고 특별히 하는 것도 없다.

6. 당신의 독서경향은 어느 쪽에 가깝습니까?
    a 신문은 매일 읽지만 단행본은 별로 읽지 않는다.
    b 화제의 책은 대체적으로 읽는다.
    c 신문, 잡지는 어깨 넘어 대충 읽지만 흥미가 있는 책은 꽤 빠른 속도로 읽어 버린다.

7. 매달 월급에서 계획적인 예금을 하는 편입니까?
    a 계획적이지는 않다.
    b 월급에서 미리 저축 등 일정금액을 떼어 예금한다.
    c 저축 외에 매월 일정금액을 정해서 적립한다.

8. 업무에 집중해서 최고의 진행상태를 나타낼 때 책상의 상태는 어떻게 됩니까?

   a 말끔히 정리된 상태로 서류나 자료를 곧 뽑아 볼 수 있다.
   b 어지럽힌 상태에서 일하는 것이 편하기 때문에 방안이나 책상 위가 어지럽혀 있다.
   c 때에 따라서 어지럽혀져 있기도 하고 깨끗이 정돈된 상태이기도 하고 대중없다.

9. 휴일에 가족과 함께 쇼핑하러 가는 경우 어떤 복장으로 외출합니까?

   a 통근할 때와 같이 정장차림이다.
   b 조금 느슨한 가벼운 차림이 많다.
   c 대담하고 화려한 스타일의 캐주얼웨어

10. 학창시절 어떤 참고서를 좋아했습니까?

   a 칼라로 그려진 도표나 그래프가 많이 있는 시각자료.
   b 용례나 해설물이 많은 볼륨이 있는 책
   c 그다지 좋고 싫음이 없이 선택했다.

11. 당신 자신의 성격은 어느 타입에 해당됩니까?

   a 끈기는 있지만 상상력이 부족하다.
   b 재치는 있지만 끈기가 없다.
   c 끈기도 상상력도 보통이다.

12. 전직을 한다면 어느 종류의 일을 선택하겠습니까?
    a 카피라이터, 디자이너 등 창조성 분야.
    b 기술관계, 경리 등의 사무분야.
    c 대기업이라면 어느 분야라도 좋다.

13. 처음으로 장거리를 드라이브할 때 어느 정도로 준비를 하고 떠납니까?
    a 자동차를 체크하고 도로지도에서 거리, 소요시간을 계산하고 떠난다.
    b 관광지도에서 목적지를 발견하여 떠난다.
    c 가이드북에서 코스와 도착시간을 다시 한 번 검토하고 떠난다.

14. 유행과 여성의 멋에 관해서 어떻게 생각합니까?
    a 유행에 민감한 여성은 경박하고 주체성이 없다고 생각한다.
    b 유행에 민감하며 새로운 패션에 빨리 대응하는 여성은 센스 있다고 생각한다.
    c 진정한 멋은 그다지 유행에 좌우되는 것이 아니고 개성을 나타내는 복장이라 생각한다.

15. 밤 열차로 장거리를 혼자서 여행할 때 시간을 메우기 위해 무엇을 봅니까?
    a 시각표, 월간지, 소설
    b 관광안내도, 화보잡지, 그림엽서
    c 지루하지 않은 주간지, 스포츠신문, 만화

 채점표에 따라 자신이 선택한 기호에 ○표를 하여 합계를 하십시오.

Q\A	1	2	3	4	5	6	7	8	9	10	11	12	13	14	15	소계	합계
a	3	1	2	3	3	1	3	1	3	1	3	1	1	1	( )	
b	1	3	3	2	2	2	2	3	2	1	3	1	3	3	3	( )	
c	2	2	1	1	1	3	1	2	3	2	2	2	2	2	2	( )	점

40점 이상 : 자유분방한 아이디어를 만들어 내는 우뇌파.

직관우선의 우뇌인가. 상식의 테두리 안에서는 만족하지 못하는 자유분방함을 지니고 있다.

기상천외한 아이디어를 만들어 내어 기발한 행동을 취하기 때문에 주위에서 보면 굉장히 유니크한 존재.

끊임없이 꿈을 좇고 머리에 순간적으로 번뜩이는 영감을 중요하게 여긴다. 정해진 일상을 싫어하며 새로움에 도전한다. 하지만 계획은 우수해도 구체화하는 실무는 적성에 맞지 않다.

"좀 더 현실을 인식하여 숫자를 잘 파악하지 않으면 계획이 깨지는 일이 많다."

33~39점 : 창조적인, 계획을 실제에 적용시킬 줄 안다.

우뇌 활용의 현실 대응형. 실질적인 아이디어가 뛰어나 현실과의 융합이 가능하다. 가능성의 비전을 추구하며 새로운 일을 개척하는 것에 흥미가 있고 감각이 번뜩이며 머리의 운동도 빠르다. 창조적이며 다채로운 기획을 만들어내는 상상력도 지니고 있기 때문에 시대의 첨단을 걷는 일도 충분히 해낼 수 있다.

"체념과 단념이 빨라서 전직을 종종 시도하는 경향이 있다. 차분한 자세를 취하는 것도 중요하다."

27~32점 : 균형 감각이 뛰어난 저널리스트.

좌우 균형파. 건실하며 그다지 모험은 하지 않지만 현상인식이 객관적이며 상황변화에 능숙하게 대응한다. 실제적인 업무를 꼼꼼하게, 어려운 일도 항상 일정하게 적절히 해낸다. 독창성은 조금 부족하지만 능숙하지 못한 분야가 적은 팔방 미인형. 균형 감각이 뛰어나 어떤 일을 해도 평균 이상으로 완수하는 가능성을 지니고 있다.

"주어진 일에 대하여 좀 더 개성을 살리고 주체적으로 실행 하는 것이 중요하다."

21~26점 : 타인의 흉내를 능숙하게 내는 리얼리스트.

무리한 일에는 뛰어들지 않는 왼손잡이. 장래의 희망보다는 눈앞의 숫자를 중시하는 사실주의이다.

기발한 아이디어나 현실에서 경험으로 익숙해진 계획에 대하여 내심 바보 같다고 생각하지만 흉내 내기에 능숙하다. 생활의 지혜가 뛰어나 상식과 경험을 존중한다. 창조성을 점점 잃어가기 쉽다.

"우뇌의 발달도 그다지 나쁘지는 않기 때문에 이미지를 소중히 여기고 오른쪽 뇌를 활성화하라."

20점 이하 : 숫자와 과학적 논리에 강한 이론파.

이론파인 왼쪽 뇌 인간. 이론에 맞지 않는 것은 믿지 않고, 하려고도 하지 않는다. 논리적 사고로 사물과 일을 판단하는 숫자에 강하지만 두뇌의 사용방법이 다소 기계적이고 견고해 고정관념에 치우치기 쉽다. 논리 정연함을 좋아하며 메커니즘에 강하고 기계를 다루는 것에 흥미가 있다. 굉장한 독서가이기도 하다.

"숫자나 데이터에 대한 의뢰심이 지나치기 때문에 기존 노선에는 강하지만 진로변경에는 당황하게 된다."

당신의
설득력은?

비즈니스는 설득의 연속이다.

상사, 부하, 고객의 "Yes"를 어떻게 이끌어낼까. 이 능력으로 인생의 성공이 좌우된다. 연인을 말로써 설득하는 것도 그 중 한 가지. 당신은 어떠한가?

1. 사람들과 이야기를 할 때 상대방의 눈을 보면서 합니까?
   a 아니오. 시선을 딴 곳에 둔다.
   b 때때로 눈을 보면서 이야기한다.
   c 예.

2. 상대방의 이야기를 듣는 것보다 자신의 생각을 먼저 주장 하는 편입니까?
   a 예. 자신의 주장을 내세운다.
   b 절반 정도라고 생각한다.
   c 상대방의 이야기를 잘 듣고 반론해야 할 점은 주장한다.

3. 의논을 좋아합니까?

   a 아니오. 말이 없는 편이다.
   b 의논을 하면 과격해지기 쉽다.
   c 예.

4. 설득이란 무엇을 의미한다고 생각합니까?

   a 자신의 생각을 설명하고 상대방에게 납득시키는 일
   b 상대방을 그 기분이 되도록 하는 일
   c "Yes"라고 말하도록 행동을 유도하는 일

5. 상대방을 설득하기 위해서 가장 중요한 일은 무엇이라 생각합니까?

   a 명쾌한 논리와 기백
   b 상대방의 입장을 이해하는 일
   c 성실한 태도와 정확한 정보

6. 상대방의 성격에 따라 설득방법이 변합니까?

   a 성격보다 욕망을 파악하고 설득한다.
   b 예. 우선 성격을 알고 설득한다.
   c 아니오. 자신의 주장이나 설득법은 변하지 않는다.

7. 단기간에 상대방의 성격을 파악하는 일에 자신이 있습니까?

   a 예. 초면이라도 2, 30분 정도 대화를 하면 성격을 대충 짐작할 수 있다.
   b 아니오. 일년 이상 교재해 보지 않으면 알 수 없다고 생각합니다.
   c 2~3번 만나서 이야기해 보면 대체적으로 알 수 있다.

8. 상대방의 성격을 이해하는 방법은 무엇입니까?
   a 상대방의 혈액형이나 별자리를 물어봐서 판단한다.
   b 인상이나 표정 등 외면적인 인상으로부터 판단한다.
   c 태도나 버릇, 말하는 모습 등에서 밝은 성격인지 어두운 성격인지 판단한다.

9. 당신은 자신의 설득방법이 능숙하다고 생각합니까?
   a 아니오. 걱정되는 일이 있어도, 의논하고 싶은 것이 있어도 좀처럼 말을 하지 못한다.
   b 예. 남들에게 이해시키기 쉬운 성격이라고 생각한다.
   c 별로 좋은 편은 아니다.

10. 상대방이 기분 좋게 "응. 알았어."라고 말했으면서도 실행하지 않은 경우 어떻게 합니까?
    a 수단 좋은 사람의 말을 믿었기 때문에 별 수 없다고 단념해 버린다.
    b "약속이 틀리다"라고 강조, 기한을 정해서 실행을 서두른다.
    c 다시 한 번 잘 설명해서 실현가능한 방법과 기일을 정해준다.

11. 당신의 성격은 다음 3가지 타입 중에서 어느 것에 가깝습니까?
    a 우유부단하고 근심, 걱정이 많은 소심가형
    b 사물을 비판적으로 보는 냉정한 이론파
    c 밝은 성격으로서 수단이 좋은 사교파

12. 분명한 결론을 내리지 않는 소심한 사람을 설득하기 위해서 어떻게 합니까?
   a 단정적인 대화방법으로 강인하게 돌격하여 대답을 받아낸다.
   b 초조하게 여기지 않고 차분히 시간을 끌면서 상대방의 자발심을 유도하기 위해서 말을 건다.
   c 자신을 갖도록 지도적인 태도로 설득한다.

13. 상대하기 어려운 "이론파"를 설득하기 위해서는 어떤 태도로 임합니까?
   a 상담을 성공시키기 위해서 저자세로 대한다.
   b 이론에는 이쪽에서도 이론을 익혀서 대한다.
   c 친근감을 가지고 숨김없이 터놓고 부탁한다.

14. 마음 편하고 수단 좋은 "사교파"는 어떻게 설득합니까?
   a "Yes"만으로는 부족하므로 "언제까지"를 확인해 둔다.
   b 성실한 태도로 논리적으로 설명한다.
   c 시원스런 태도로써 접촉하여 상대방이 7, 이쪽이 3의 비율로 상담하여 결론을 낸다.

15. 권위주의적인 상사에게 자신의 계획을 달성시키기 위해서는 어떻게 대처합니까?
   a 객관적인 자료를 보이며 계획의 구체성을 제시한다.
   b 상사가 나서서 말할 수 있도록 해준다.
   c 상사의 윗 상사에게까지 기색을 보여준다.

 **채점방법** 선택한 기호에 ○표를 해서 득점을 합계 하십시오.

Q A	1	2	3	4	5	6	7	8	9	10	11	12	13	14	15	소계	합계
a	1	1	1	2	2	2	3	0	1	1	1	1	2	2	2	( )	
b	2	2	2	1	1	3	1	1	3	2	2	2	1	1	3	( )	
c	3	3	3	3	3	1	2	3	2	3	3	3	3	3	1	( )	점

 **판정결과**

36점 이상 : 임기응변과 설득의 명수.

고득점자야말로 설득에 능숙하고 대인관계에 자신을 갖고 있다.

상대방의 태도에 의해 템포를 늦추거나 빠르게 하는 것을 자유자재로 조절할 수 있고 상대방의 성격을 파악하여 임기응변으로 대응을 잘 한다. 자신의 주장을 요령 있게 집약시키고, 상대방을 효과 있게 판단하며 박력도 충분하다.

표현력도 풍부하기 때문에 상대방에게 자신을 이해시키는 것이 능숙하고 화제를 바꾸는 일도 부드럽게 잘한다.

"일하는 스타일도 적극적이고 요령 있게 정리하지만 대체로 말하는 것을 좋아하는 편이기 때문에 긴 이야기는 삼가도록. 특히 소심형에게는 "말 수단이 좋아"라고 경원당하기 쉽다. 결론을 급하게 내지 말고 상대방의 본심을 잘 파악하려는 마음이 중요하다."

25~35점 : 중요한 때에는 상대방을 화나게 하라.

협조적이며 주위와 잘 어울리며 대화를 즐긴다. 다소 이론적이고 상대방에게 끈질기게 달라붙지는 않는다. "이론만으로는 사람을 움직일 수 없다"는 것을 잘 알고 있지만 감정에 호소하는 방법이 부족하다.

상대방의 기분을 지나치게 존중하는 경향이 강하며 침묵과 무시, 사소한 일에 근심, 걱정하는 타입에게도 참고 견디어내는 일이 가능 하며 남의 말도 능숙하게 잘 듣는다. 항상 웃는 타입이 대개 이런 타입인데 고압적이고 강인한 상대에게는 날카롭게 반발하는 강함도 있다.

"비판적으로 사물을 보면서도 입 밖에는 내지 않는다. 상대방에게 상처를 입히지 않으려는 친절함이 있으므로 수세에 몰리기 쉽다. 중요한 때에는 상대방을 화나게 해서 본심을 토해 낼 수 있는 기백을 지니지 않으면 설득에 시간이 너무 걸린다. 상대방을 흔드는 일도 필요한 것이다."

24점 이하 : 대화보다는 편지로 설득하는 타입.

득점이 적은 사람은 마음이 약하고 박력도 부족하다. 인간관계에 적극성이 부족하고 자기주장도 약하다. 따라서 대인관계에 불만이 있고 언제나 고민하는 경향이 있다. 남의 일보다 자신의 내면을 중요하게 여기며 확고한 자기인식을 갖고 있지만 이야기하는 것이 서툴고 연출력도 결여되어 있으므로 좀처럼 인정받지 못함에 안타까움을 느끼고 있다.

마음이 맞는 친구라면 이야기를 조리 있고 부드럽게 나눌 수 있지만 잘 알지 못하는 사람에게는 자신의 생각을 잘 전하는 일이 어렵다. 설득하기 보다는 설득당하기 쉬운 타입이다.

"말하는 것보다 글 쓰는 것을 좋아하기 때문에 편지에 의한 설득을 잘한다. 구상력이 뛰어나고 조리에 맞는 확실한 표현이 가능한 사람이 많다. 자신감을 갖고 사람들을 대하라."

성공마인드

"오늘 할 수 있는 일에 전력을 기울이라."
- 뉴턴

당신의 관리자로서의
능력은?

대기업에서는 직책의 부족으로 "연공서열"식의 인사관리 시스템이 무너지고 있다고 한다.
그러나 누구나 과장, 부장이 되고 싶어 한다. 당신의 관리능력을 알아보자.

1. 정확히 계획을 세워서 행동합니까?
   a 일이 대충 맡겨지는 대로 해낸다.
   b 계획은 세우지만 대개 계획이 무너지는 경우가 많다.
   c 예. 계획을 잘 세워서 시작한다.

2. 당신의 부서에 신입사원이 배치되는 경우 어떤 방식으로 지도합니까?
   a 의타심을 가지지 않도록 오히려 방임하는 척하며 관찰한다.
   b 우선 일을 엄격하게 알려준다.
   c 때로는 일을 시켜보기도 하는 등 실전적인 조치를 한다.

3. 일을 하고 있을 때 당신은 어떤 기분으로 임합니까?
   a 일은 일, 노는 것은 노는 것 나누어서 한다.
   b 일하는 것이 노는 것보다 즐겁다.
   c 일을 하고 있으면 충실한 기분이 든다.

4. 동료나 후배의 개인적인 고민을 듣고 힘이 되어 줍니까?
   a 개인적인 일에는 별로 간섭을 하지 않는 편이다.
   b 때때로 차분히 상담에 응해준다.
   c 예. 언제나 고민을 들어 준다.

5. 다른 분야에 대해서도 끊임없이 공부하고 있습니까?
   a 예. 폭넓게 공부하고 있다.
   b 때때로 정보를 수집한다.
   c 아니오. 관련된 전문분야만 정확히 공부하고 있다.

6. 자신의 사고와 행동에 대해 자신감을 가지고 있습니까?
   a 그런대로 자신이 있다.
   b 불안감이 드는 때도 있다.
   c 예. 자신이 있다.

7. 당신을 유쾌하게 생각하지 않는 동료와는 될 수 있으면 부딪치지 않으려 합니까?
   a 예. 될 수 있으면 부딪치지 않으려 한다.
   b 감정의 문제이므로 신경 쓰지 않는다.
   c 다른 동료와 마찬가지로 대한다.

8. 회의의 주제에 대해선 새로운 정보나 자료를 잘 수집해서 참석합니까?
    a 예. 꼭 참석해서 생각이나 계획을 주장한다.
    b 때때로.
    c 아니오. 다른 사람에게 듣는 정도이다.

9. 큰 이익을 위해서는 작은 희생을 해도 실현하려고 합니까?
    a 아니오. 우선 손해를 입지 않으려고 행동한다.
    b 이익과 희생의 밸런스를 생각한다.
    c 예. 다소의 희생은 부득이하다.

10. 자신이 비용을 부담하면서도 부하나 동료를 식사 등에 초대 합니까?
    a 때때로 초대한다.
    b 아니오. 언제나 각자 낸다.
    c 예. 자주 초대한다.

11. 당신에게 있어서 아주 좋은 정보를 입수했을 경우 반대 정보도 수집합니까?
    a 반대 정보 등은 스스로 수집하지 않는다.
    b 적극적으로 수집하지는 않는다.
    c 예. 정보는 다각적으로 수집해서 분석한다.

12. 미팅에서 당신이 발언하고 싶은 것이 있어도 말하지 못 할 때가 많습니까?
    a 예.   b 때대로 있다.
    c 아니오. 주장할 일은 주장한다.

13. 야유나 풍자로 동료의 실패를 추궁하거나 야단칩니까?

　　a 예.
　　b 동료들과 험담을 한다.
　　c 아니오. 위로하는 편이다.

14. 자신의 일에 관해서 비판이 들려오면 울컥 화를 내는 편입니까?

　　a 속이 울컥 치밀어 얼굴이 파래진다.
　　b 울컥 화가 나지만 겉으로는 나타내지 않는다.
　　c 아니오. 결코 그렇지 않다.

15. 어느 타입의 관리자가 되고 싶습니까?

　　a 모두 좋아하는 상사.
　　b 주위로부터 중요시 되는 실력자.
　　c 모두에게 존경받는 인물.

 채점표에 선택한 기호에 ○표를 해서 득점을 합계해 보세요.

Q\A	1	2	3	4	5	6	7	8	9	10	11	12	13	14	15	소계	합계
a	0	2	1	0	3	2	1	3	1	2	0	1	0	1	1	( )	
b	1	1	2	1	2	1	2	2	2	1	1	2	1	2	2	( )	
c	3	3	3	3	1	3	3	1	3	3	3	3	3	3	3	( )	점

Part Ⅶ 성공할 수 있는 자기 스타일

35점 이상 : 대인관계도 적극적이고 리더십도 강하다.

　관리자로서의 능력도 충분. 계획적으로 자신을 갖고 행동하고 자주적인 결단이 가능하다. 정세판단과 적응력에도 뛰어난 신뢰받는 관리인으로의 가능성이 크다. 생산관리, 정보관리, 목표관리, 판매관리 등 "관리능력"이 있다 해도 여러 갈래에 골고루 미치는 것이 더 중요하고 또 기본적인 것은 "사람을 관리하는 능력" 즉 부하를 관리하는 것이 관리자로서의 제일 조건이 된다.

　대인관계도 적극적이고 리더십도 있으므로 부하를 육성하여 한 사람 한 사람의 잠재능력을 발휘시켜 목표달성에 전원의 활기를 결집하는 능력도 충분하다.

　"사람을 리드하기 위해서는 일에 대한 정열과 능력은 물론 경험도 풍부하지 않으면 안 된다. 거기에 부하직원의 실수의 책임을 자신이 감싸주는 각오 없이는 사람이 따르지 않는다는 것도 명심하라."

24~34점 : 관리자로서 자질은 갖추고 있지만 작은 문제도 있다.

　활동적이고 출세지향적이며 관리자로서의 자질도 충분히 갖추고 있지만 무엇인가 작은 문제가 있는 타입.

　중요하지 않은 일을 가지고 의지를 펼쳐 보인다거나 함부로 앞장서서 상사를 불안하게 하는 등의 행동을 해서 인간관계에서 손해 보는 면이 있다. 젊고 경험이 없는 신입사원에게 많이 나타나는 경향으로 무사 안일주의의 소극적인 생활 보다는 낫다.

실패를 무시하지 않고 전진하는 자세 중에 관리자로서의 지적 능력이 여물어간다.

"정보수집능력이 뛰어나지만 곧 활용하려는 결함은 좋지 않다. 이론보다 체험을 중요시하고, 상상이나 추측의 습관을 갖도록 하자. '서당개 3년이면 풍월을 읊는다.' 라는 비유를 잊지 말도록."

23점 이하 : 자신감이 부족해 소극적, 냉소적일 때가 많다.

사람을 운용하는 능력도, 소질도 결코 부족하지는 않지만 출세하려는 자신감이 부족하여 소극적이 되거나 또는 냉소적으로 행동하는 등 올바른 방도를 취하지 못한다.

우선 "자신이 하는 업무에 적극적"이 되어 상사나 부하로부터 신뢰를 받는 일이 대단히 중요하다. 솔직하고 성실한 자세로 나가면 한 부서의 관리자로부터 "이가 들어가지 않는다"라고 인정되어져도 반드시 주위의 호감을 얻고 돋보이게 된다. 그러나 거꾸로 나를 지나치게 내세워 무리를 하면 허세로 끝나버린다.

"정년까지 눌러앉아 있으면 "연공서열"로 관리직에 오르겠지만 부하가 한 사람도 없다. "부장님"만으로는 관리자라고 하지 못한다. 일은 단순히 생활수단이 되기도 하지만 생의 보람을 느낄 수 있어야 하므로 좀 더 의욕적으로 일에 몰두해 보라."

국제화 시대에
당신의 센스와 적응력은?

사업도, 스포츠도, 문화도 모두 국제화시대.
지금 비즈니스맨에게 요구되는 것은 국제적인 시각과 센스.
여기서 당신의 국제 감각과 적응력을 묻는다.

1. 하루 종일 혼자서만 업무를 하여도 힘들지 않습니까?
   a 예. 혼자서 일하는 편이 좋다.
   b 아니오. 동료가 없으면 쓸쓸하다.
   c 혼자서 하는 일이라면 혼자 한다.
   d 혼자서도 걱정 없다.

2. 국제결혼에 관하여 어떤 생각을 합니까?
   a 금발의 미인과 결혼할 수 있다면 멋지다고 생각한다.
   b 반대다. 결혼상대는 한국인 외에는 생각하지 않는다.
   c 사랑한다면 국가도 인종도 관계없다고 생각한다.
   d 비록, 결혼했다 해도 결국은 잘 되지 않을 것이라 생각한다.

3. 한국이 구미선진국으로부터 배우는 시대는 이제 끝났다 라고 생각합니까?

   a 예. 한국이 제일이다.
   b 아니오. 아직 구미 쪽이 우수하다.
   c 상호간에 좋은 점을 배우고 협력하는 시대다.
   d 모방은 계속해야 한다.

4. 외국의 상품을 값이 비싸도 구입하는 편입니까?

   a 아니오. 한국산 물건이 좋다
   b 예. 유행의 첨단을 걷는 센스가 있는 물건은 역시 외국산이다.
   c 넥타이 등 디자인이 뛰어난 물건은 가끔 사는 편이다.
   d 모두가 외국산을 사는 것은 싫다.

5. 해외에서 1년 이상 생활해 보고 싶다고 생각합니까?

   a 아니오. 생활하기엔 한국이 제일 좋다
   b 예. 5년, 10년이라도 좋다
   c 업무관계로 외국생활을 할 수 있다면 기쁘다.
   d 여행이라면 해보고 싶다.

6. 처음대하는 사람이라도 솔직한 대화를 할 수 있습니까?

   a 아니오. 굳어져서 편안한 대화가 되지 않는다.
   b 낯가림을 하는 편이어서 필요한 일 이외에는 답하지 않는다.
   c 상대를 잘 보고 예의바르게 응답한다.
   d 예. 이야기가 잘 통하면 외국인이라도 곧 친하게 된다.

7. 일주일 이상 해외 관광여행을 한다면 어느 곳을 선택 하겠습니까?
   a 뉴욕, 파리, 런던, 로마
   b 하와이, 홍콩, 대만, 싱가포르
   c 워싱턴, 빈, 제네바, 베를린
   d 북미에서 남미까지 혼자 여행

8. 국제적인 관점에서 한국인의 결점은 무엇이라 생각합니까?
   a 폐쇄적인 집단주의
   b 서양에 도취되어 있다.
   c 모방만 하는 독창성의 결여
   d 한반도 근성이 있다.

9. 해외여행 중 선물은 무엇으로 삽니까?
   a 유명브랜드의 화장품
   b 실용적인 특산품
   c 그림책, 지도
   d 민예품

10. 새로운 환경에 곧 익숙해지는 편입니까?
    a 예. 편안하게 익숙해진다.
    b 비교적 빨리 적응된다.
    c 아니오. 좀처럼 익숙해지지 않는다.
    d 동료와 함께라면 좋겠다.

11. 이제부터 비즈니스맨은 영어회화 정도는 당연히 해야 한다고 생각합니까?

    a 예. 국제적인 업무가 늘어나므로 반드시 익혀야 한다.
    b 비즈니스맨에 국한하지 않고 되도록 많은 사람이 배워야 한다.
    c 통역을 할 수 있다면 좋겠다.
    d 필요한 사람만 배워도 충분하다.

12. 외국에서 활동할 수 있는 업무를 하고 싶습니까?

    a 해야 한다면 어느 곳이라도 좋다.
    b 아니오. 외국은 고생스럽다.
    c 예. 구미에 가서 일을 하고 싶다.
    d 세계적인 시야에서 국제적인 일을 하고 싶다.

각 설문에 답한 기호에 O를 한 후 O표가 가장 많은 항 (A, B, C, D)이 당신의 타입입니다. O표가 동수일 경우는 중간 타입입니다.

Q A	1	2	3	4	5	6	7	8	9	10	11	12	소계	계
A	d	b	a	a	a	b	b	b	d	d	c	b	( )	
B	a	d	d	d	d	a	d	c	c	c	d	a	( )	( )형
C	b	a	b	b	b	d	a	d	a	a	a	c	( )	
D	c	c	c	c	c	c	c	a	b	b	b	d	( )	

판정결과

A형 : 순간적인 것에 가치를 두는 만족파다.

전통적인 한국인의 타입. 순한국적인 것에 가치를 두고 고집하는 민족파. 외국 특히 서구문명의 합리주의, 물질주의의 장대한 성과에는 눈을 끄게 뜨지만 쉽게 순응하지 않고 거리를 두고 관찰하고 평가 한다. 거기에서 취사 선택하고 어느 사이엔 한국화시키는 재주와 유연성을 지니고 있다. 그것이 모방이라고 비난 받아도 정신적인 주체성을 지키고 있다고 자부하는 타입.

"해외에서도 쉽게 그 나라의 문화에 동화되어 행동하지 않고 한국적인 생활양식을 고수한다."

B형 : 이국문화에 대해 충격을 받는다.

굉장히 감수성이 날카롭고 이질적인 문화에 대한 충격이 심하다.
그 위에 콤플렉스가 강한 나머지 자신뿐만 아니라 이방인의 결점까지 지나칠 정도로 보게 된다. 이 때문에 자신의 가치관과 이질적인 가치체계와의 사이에 의식이 혼란을 겪는다. 따라서 상대적인 판단이 되지 않는다. 외국에 나가서 강렬한 인상에 압도되면서도 항상 의혹적인 생각, 비판적으로 사물을 본다. 비사교적이며 신경질적인 고독파. 해외근무는 긴장을 풀고 쉬지 않으면 노이로제가 되어 버린다.

"단체여행을 싫어하고 통속적인 관광지보다는 사람이 별로 가지 않는 자연을 찾는다."

C형 : 열등감을 안고 서양에 도취되어 있다.

무엇보다도 "외제품"을 고맙게 여기는 외국지상주의. 서양에 도취됨. 자신은 의식하지 않고 있을지 모르겠지만 한국인으로서의 자신에게 열등감을 품고 있어 외국인을 만나면 무심결에 자신을 비하하여 영합하려 한다. 해외여행에서 유명브랜드의 쇼핑에 열중하며 밤에 관광을 즐긴다.

서양문화에 대한 편견은 작지만 한국인으로서의 지각, 주체성이 결여되어 있다. 표면보다는 실속 있는 실질적인 것을 추구해야 한다.

"국제적 기질도 보이지만 새로운 유행을 즐겨 따르는 사람의 경박함을 보이기 쉽다."

D형 : 해외에서 훌륭히 통용되는 "국제인"의 감각이 크다.

한국인으로서의 콤플렉스가 작고, 외국에 관해서 특별한 편견도 없다. 해외에 나가 있어도 주눅이 드는 일도 없으며 당당함과 자신을 가지고 업무를 수행하고 자기주장도 냉철히 표현할 수 있다. 외국 문화를 객관적으로 이해하는 넓은 시야와 교양을 몸에 지녀 훌륭한 국제인으로 성장할 가능성이 많다. 한국에서는 이런 류의 타입은 지극히 드물다. 어학력, 교양, 국제 감각 등 어느 것 하나만 부족해도 밸런스를 잃어버리기 때문이다. 우수한 외교관이 될 소질이 있다.

"문제는 확고한 주체성의 확립과 한국인으로서의 자부심을 잃지 않을 것."

처음 만나는 사람에게
당신은 어떤 느낌을 주는가?

첫인상의 호감에 따라 비즈니스의 성패가 결정된다는 말은 진실이다. 당신은 처음 만나는 사람에게 과연 어떤 인상을 주는가?

1. 모르는 사람이 전화했을 때 당신은 어떻게 상대합니까?
   a 정중히 상대하면서 상대방의 이야기를 듣는다.
   b 상대방의 의사를 분명히 밝히도록 급하게 재촉한다.
   c 당황하여 우물쭈물하는 경우가 많다.
   d 상대방의 용건을 잘 들어주면서 냉정히 답변한다.
   e 상대방의 태도에 따라 무뚝뚝하고 간단히 대답하고 끊어버린다.

2. 당신은 계획적으로 돈을 지출하고 있습니까?
   a 예. 매월 지출과 저축을 계획적으로 한다.
   b 아니오. 모르는 사이에 돈을 다 써버리는 경우가 많다.
   c 평소에는 계획을 정확히 세우고 그다지 많이 사용하지 않지만 좋아하는 일에는 대담하게 쓴다.

d 계획을 세워도 소용이 없기 때문에 걱정스럽다.
　　e 돈이 있든 없든 간에 충동적으로 써버리는 편이다.

3. 당신 친구들 중 이성에게 인기 있는 사람이 누구인지 알고 있습니까?
　　a 예. 잘 안다.
　　b 내가 아닌 것은 분명하다.
　　c 그건 나라고 생각한다.
　　d 그런 것에는 관심 없다.
　　e 아니오. 전혀 모른다.

4. 교통위반을 하여 딱지를 떼였을 때 곧바로 친구들에게 말하는 편입니까?
　　a 그렇다.
　　b 친구가 먼저 소문을 듣고 알고 있을 경우에만 사실대로 말해준다.
　　c 그런 것은 말하지 않는다.
　　d 말하고 싶지 않지만 주위를 의식해서 고백해 버린다.
　　e "교통위반 건을 잘 해결했다"고 허풍을 떨며 말해 주는 편이다.

5. 친구들과 술 마실 때 당신은 어떻게 합니까?
　　a 술 마시면 언제나 슬퍼져서 친구들에게 울면서 이야기한다.
　　b 마음이 통하는 친구끼리 조용히 마시며 이야기한다.
　　c 마음에 드는 친구와 일류 호텔 라운지 등 비싼 곳에서만 마신다.
　　d 취해도 흐트러지지 않고 시간을 두면서 조금씩 마신다.
　　e 모두 함께 나이트클럽에 가서 춤추면서 유쾌하게 마신다.

6. 인간관계에 세심한 신경을 쓰는 편입니까?
   a 사소한 일에도 신경을 써서 고민이 많다.
   b 남의 일은 신경 쓰지 않고 마음에 드는 친구만 사귄다.
   c 함께 있을 때는 신경을 쓰는 척하지만 안 보이면 곧 잊어버린다.
   d 자상하게 신경을 써서 누구와도 사이좋게 지낸다.
   e 그다지 신경을 쓰지는 않지만 못되게 구는 사람이 있으면 몹시 화를 내는 경우가 있다.

7. 어떤 장소에서도 분위기나 상황의 변화에 따라 임기응변으로 잘 대처하는 편입니까?
   a 아니오. 순간적으로 방향전환을 하는 약삭빠른 행동은 못한다.
   b 급하면 능숙한 거짓말을 해서라고 어떤 상황도 헤쳐 나간다.
   c 변화를 두려워하는 편이기 때문에 당황하여 능숙하게 대응하지 못한다.
   d 상황이 어떻든 자신의 생각에 어긋나는 태도는 취하지 않는다.
   e 예. 상황변화에 재빠르게 대처한다.

8. 이성을 소개받으면 금방 친해지는 편입니까?
   a 이성을 만나면 얼굴이 빨개지는 편이다.
   b 설령 마음에 든다고 해도 곧 허물없이 툭 트고 지내지는 못한다.
   c 빨리 친숙한 분위기를 만드는 편이다.
   d 한두 번 만나면 도저히 친해질 수 없다고 단정해 버린다.
   e 첫눈에 마음에 들면 곧 연인으로 만들 자신이 있다.

9. 평소에 일이나 공부는 어떤 식으로 하고 있습니까?
 a 남에게 폐를 끼치지 않으려고 언제나 주위에 신경을 쓴다.
 b 마음에 드는 일이면 남에게 지지 않을 자신이 있기 때문에 눈에 띄게 한다.
 c 꾸준히 겸손하게 하나씩하나씩 풀어 나간다.
 d 남보다 빨리 능률적으로 해 나간다.
 e 혼자 신중히 생각하면서 계획을 세워 진행해 나간다.

10. 선을 본다면 어떤 장소를 택하시겠습니까?
 a 일류 호텔 커피숍
 b 목가적인 분위기의 조용한 커피숍
 c 부모님이 정한 장소
 d 상대방이 정한 장소
 e 상대방의 양친이 동석할 수 있는 품위 있는 요리집

11. 여행을 갈 경우 당신의 옷은?
 a 옷은 신경 쓰지 않고 평상복 그대로 입고 간다.
 b 산뜻하고 경쾌한 복장으로 가며 짐도 많이 들지 않는다.
 c 여행 중 필요한 사소한 옷들도 챙겨 간다.
 d 유명 메이커 옷을 챙기고 눈에 띄는 옷을 입고 간다.
 e 친구나 선배에게 물어보고 그대로 준비한다.

 질문 순서대로 선택한 답에 ○표를 하고 그 숫자들을 더해서 ○표가 가장 많은 항목이 당신의 타입입니다. 만약에 동수일 경우는 그 중간 타입입니다.

Q A	1	2	3	4	5	6	7	8	9	10	11	계
A	d	c	d	c	b	b	d	d	e	b	a	( )
B	b	b	a	a	e	d	e	c	d	d	b	( )
C	a	a	e	b	d	e	a	b	c	e	c	( )
D	e	e	c	e	c	c	b	e	b	a	d	( )
E	c	d	b	d	a	a	c	a	a	c	e	( )

A형 : 세상사에 무표정하면서도 날카로운 이미지를 풍기는 타입

첫 인상은 "무엇을 생각하고 있는지 잘 모른다"라는 느낌이다. 가끔 내부에 숨어있는 날카로움을 얼핏 볼 수 있지만 타인과의 사이에 심리적인 경계선을 긋고 있어서 좀처럼 자신의 진심을 나타내려고 하지 않는다.

그 대신 타인의 일에도 그다지 관심을 나타내지 않는 타입이다. 남들과 함께 살아간다기보다 자신의 세계에 침잠하려고 하는 내향파에 속한다. 스스로의 사고방식이나 가치기준을 갖고 전문 분야에서 재능을 발휘할 가능성이 크다.

"너무 비판적으로 사물을 보지 않도록 긍정적으로 살아라."

B형 : 전체적으로 밝고 활동적인 타입.

남이 이해하기 쉬운 개방적인 성격. 밝고 활발한 느낌으로 주위 사람에게 자연스럽게 와 닿는 타입. 애교가 많고 사람을 기쁘게 하고 칭찬하는 일에 능숙하다. 남들과 함께 살아가며 상대에 맞춰서 행동하는 것을 좋아하기 때문에 정에 약하고 자상한 사람이다.

단지 많은 사람을 사귀는 것을 너무 좋아하기 때문에 인간관계가 표면적이고 얕아지기 쉽다. 감정변화가 심한 편이다. 솔직하면 좋은 인상을 주나 지나치게 자신을 잘 보이려고 하는 점은 D형에 가깝다.

C형 : 꼼꼼하고 진지한 타입

말투가 정중하고 예의 바르며 꼼꼼한 느낌을 준다. 너무 점잖을 때면 태도가 사무적이고 거만하게 보인다. 몹시 끈기 있는 성격으로 주어진 일은 자신이 있든 없든 관계없이 꼼꼼히 정확하게 해치운다.

전통적인 권위나 격식을 중요시하여 사회적인 통념과 예의규범을 준수하는 진지한 인간형. 순박함이 결여되어 있지만 모범사원 타입.

"완고하고 융통성이 없기 때문에 신뢰는 주지만 지나치게 작은 일에 얽매일 필요는 없다."

D형 : 눈에 띄게 행동하는 타입.

자기 과시욕이 강하고 눈에 띄는 것을 좋아함. 겉모양이 좋다. 화려한 무대에도 주저하지 않고 등장하여 매사를 당당히 해나가기 때문에 첫 인상은 강렬하고 박력 있다.

늘 주위를 의식해서 과장된 표현이나 태도로 응대하기도 하며 허영심이 많다. 남에게 지기 싫어하는 성질이며, 맘에 드는 추종자나 동료들이 많지만 자기 멋대로 지나치게 공치사를 하기 때문에 역효과가 생길 수가 있다.

"외모에 지나치게 신경써서 낭패하는 경우가 있다. 남의 장점을 조심스럽게 받아들일 줄 알아야 호감을 얻을 수 있다."

E형 : 겸허하고 상냥하지만 나약한 타입

남과 이야기할 때 얼굴을 정면으로 마주 대하게 되면 곧 상대방의 눈을 피해버리는 타입.

남이 자신을 어떻게 생각하고 있는지 신경 쓰는 소심한 성격. 오해를 두려워해서 언제나 변명만을 생각하고 있는 나약한 분위기인 인상이다. 또한 지나치게 자기 자신을 의식하며 곧 얼굴이 빨개진다. 하지만 상냥함 속에 부끄러워하며 성실한 품성이 배어나오는 느낌이다. 즉 겸손하고 앞에 나서지 않는 것이 특징.

조직 속에서
당신의 스타일은?

　당신은 행동하는 리더형인가, 행동보다 사고를 우선하는 참모 스탭인가, 자기 스타일을 고집하는 외로운 형인가, 조직의 목적에 충실한 집단 지향형인가, 최근 당신의 행동을 돌아보면서 적절한 문항에 체크하십시오.

1. 휴일은 대개 어떻게 지내고 있습니까?
    a 친구와 함께 놀러간다.
    b 여러 가지 책을 읽으며 지낸다.
    c 외출하지 않을 경우는 업무관계 정보를 수집하기도 하고 자료를 점검하기도 한다.
    d 집에서 TV를 보거나 음악을 듣거나 낮잠을 자기도 한다.

2. 처음 보는 사람을 평가할 경우 어느 점을 중요시 합니까?
    a 같이 즐겁게 지낼 수 있는가, 없는가.
    b 함께 일을 할 수 있는가.
    c 머리가 좋은가, 나쁜가.
    d 건방진 사람인가, 얌전한 사람인가.

3 단체 속에서 일할 때 어떤 식으로 일을 추진합니까?
    a 내 스타일대로 일하고 싶다.
    b 목표를 설정하여 도전하고 싶다.
    c 조용히 생각하면서 진행하고 싶다.
    d 인간관계를 중요시 하고 싶다.

4. 계획적으로 행동하는 편입니까?
    a 계획적으로 행동하지만 얽매이지는 않는다.
    b 그렇다. 계획대로 일하는 것이 성공으로 연결된다.
    c 계획을 세워도 계획대로 되지 않는다.
    d 계획은 예정에 불과한 것이므로 구애받지 않는다.

5. 모임에서 무슨 일을 시작할 경우 당신의 역할은?
    a 리더의 보좌역이나 코치를 하는 경우가 많다.
    b 중심적인 역할을 수행하는 편이다.
    c 가능한 한 책임을 강요당하지 않을 정도로 참가한다.
    d 집단적으로 하는 것은 기분이 나지 않는다.

6. 상대에게 무엇인가를 부탁할 경우 어떻게 합니까?

   a 일의 목적과 전망을 잘 설명하고 그 다음은 알아서 맡긴다.
   b 하는 방법을 친절하게 가르치고 나서 부탁한다.
   c 신뢰할 수 있는 사람에게 부탁하는 경우가 많다.
   d 스스로 하는 편이 빠르기 때문에 다른 사람에게 부탁하지 않는다.

7. 출근시간을 어떻게 활용하고 있습니까?

   a 잠을 잔다.
   b 스포츠신문을 보는 정도.
   c 일의 계획을 이리저리 생각해 본다.
   d 신문을 읽기도 하고 오늘 할 일을 점검해 보기도 한다.

8. 일이 예정대로 진행되지 않는 경우 어떻게 대처합니까?

   a 동료의 협조를 받는다.
   b 잠깐 쉬고 상황을 본다.
   c 원인을 분석하고 실시방법을 검토한다.
   d 밤을 새워서라도 끝까지 해낸다.

9. 하고 싶지 않는 일을 부탁받았을 때 어떻게 대답합니까?

   a "당신이 부탁하는 것이기 때문에" 하고 건성으로 대답한다.
   b "일할 기분이 들면 해보지" 하고 건성으로 대답한다.
   c "할 수 없다"고 이유를 말하고 거절한다.
   d "한 번 생각해 보겠습니다" 하고 나중에 거절한다.

10. 스트레스가 쌓였다고 생각될 때는 어떤 방법으로 해소합니까?
   a 전자오락, 산책
   b 드라이브, 여행
   c 음주
   d 친구와 잡담, 스포츠

11. 회의에서 자기 의견이 통과되지 않을 때 어떻게 합니까?
   a 이해하지 못하는 것이기 때문에 하는 수 없다고 체념한다.
   b 좀 더 설득력 있는 자료를 수집하여 다음을 대비한다.
   c 사전교섭을 확실히 다시 한다.
   d 모든 사람의 생각에 따른다.

 질문 순서대로 선택한 답에 ○표를 하고 그 숫자들을 더해서 ○표가 가장 많은 항목이 당신의 타입입니다. 만약에 동수일 경우는 그 중간 타입입니다.

문제 타입	1	2	3	4	5	6	7	8	9	10	11	소계	타입
A	c	b	b	a	b	a	d	d	d	c	c		
B	b	c	c	b	a	b	c	c	c	a	b		
C	d	d	a	d	d	d	b	b	b	b	a		
D	a	a	d	c	c	c	a	a	a	d	d		

A형 : 경쟁적으로 행동하는 리더형.

리더형으로 실행력, 결단력이 뛰어나고 그룹에서 일할 때는 항상 선두에 서서 진행하는 행동파. 무슨 일에도 다각도로 대처하며 경쟁적으로 일하지만 동료의 어려움을 도와주는 여유도 있음.

업무상 안면도 넓고, 여러 곳에서 정보를 수집한다. 그러나 사고보다 행동을 우선하기 때문에 정보 분석이 표면적으로 되기도 하고 분수에 넘치는 과장된 행동을 하기도 한다.

"현재대로 진급해도 "장(長)"자가 붙은 직급에 오를 수 있으나 좀 더 깊이 생각하여 실행하지 않으면 독선적, 강제적이 될 위협이 있다. 너무 지나치게 행동하지 말 것."

B형 : 행동보다 사고를 우선하는 참모 스탭.

무슨 일이라도 하기 전에 잘 생각하는 형. 의욕은 있지만 실패하면 자신이 상심하는 것을 대단히 두려워하기 때문에 행동보다 사고가 우선한다. 스스로 표면에 서서 행동하기보다 신중히 계획을 세워 사람과 조직을 움직이는 책략가형. 적극적으로 행동하는 리더와 연합하여 큰일을 성취할 수 있다.

"계획대로 진행되지 않을 때 오직 사람의 탓으로 돌리는 것은 좋지 않다. 사물을 냉정히 분석하는 것은 좋지만 사람을 너무 비판적으로 보면 고립되게 된다. 모략가로 보이지 않도록 유의할 것."

C형 : 자기스타일로 행동하는 외로운 늑대형.

모두 같이 행동하는 것을 싫어하는 개성파. 좋게 말하면 독립자존, 나쁘게 말하면 조직보다 자신을 선행시키는 외로운 늑대형. 무엇을 해도 타인의 간섭과 압력을 피하고 자신의 방법으로 추진하기 때문에 자주 주위와 충돌한다.

그러나 쉽게 타협하지 않고 자신의 방법을 지켜나간다. 원래 타인의 일에는 관심이 적으므로 전사적이라고 하는 집단주의에는 따르지 않는다.

"독창적이고 샤프한 감각을 살리는 일을 할 것. 그러나 지나치게 삐딱한 태도로 보이는 것은 잘 아는 사람들로부터 오해를 받을 수 있다."

D형 : 조직의 목적에 충실한 집단지향형.

항상 동료와 같이 보조를 맞추어 즐겁게 일하기를 바라고 있는 집단 지향형. 붙임성이 좋고 대단히 협조적이다. 조직에서 결정한 목적, 방향에따라 헌신적으로 일한다. 그러나 다른 사람 위에서 통솔하는 것은 서툴러서 상사의 지시에 따라 자신의 책임범위 내에서 일하는 회사원이 적합하다. 상황이 유동적이어서 결과의 예측이 어려울 때는 자기주장을 삼가고 기회를 기다린다.

"의존적이고 야심이 없는 인상을 주지만 내심 지지 않겠다는 경쟁심을 강하게 가지고 있다. 책임을 피하지 않고 자신만만한 분야에서는 적극적으로 나선다."

당신은 심사숙고형인가?
속전속결형인가?

누구든지 항상 결단을 내리면서 살고 있다. 점심은 백반으로 할까? 아니면 국수를 먹을까? 등의 일상의 사소한 결단으로부터 인생을 결정짓는 중대한 결정까지.
 당신은 어떻게 결단을 내리고 있는가?

1. 경험보다 순간적인 직관을 중요하게 여기는 편입니까?
 a 예. 직관을 중요하게 여긴다.
 b 무엇이라고 말할 수 없다.
 c 평소 내 자신의 신념에 따라 행동한다.
 d 아니오. 경험을 중시한다.

2. 가족과 함께 레스토랑에 갔을 때 메뉴를 어떻게 정합니까?
 a 항상 시키는 것을 주문한다.
 b 아무거나 즉시 결정한다.
 c 개인적으로 결정하지 않고 다른 사람과 똑같은 것으로 한다.
 d 가족 모두의 주문을 듣고 가격을 잘 검토하여 천천히 결정한다.

3. 직장에 취직한 후 전직을 고려해 본 적이 있습니까?
    a 직장 생활에서 동료와 문제가 발생하였다든지, 자신의 상황이 나쁘게 되었다든지 하면 즉시 이직한다.
    b 한 번 결정한 직장에서 평생 다닐 각오로 열심히 분발한다.
    c 혼자서는 결정할 수 없는 문제라고 생각한다.
    d 자신의 형편이라든지, 주위의 사정에 따라 신중하게 생각하여 결정한다.

4. 자신에게 중상모략적인 소문이 나도는 경우 침착성을 잃지 않고 냉정하게 대처할 수 있습니까?
    a 심리적으로 침착성을 잃어버리는 편이다.
    b 다른 사람의 이야기에 일일이 신경 쓰지 않는다.
    c 자신에게 원인이 있다면 잘 반성하고 사소한 소문이라도 냉정하게 처리한다.
    d 다소 마음이 쓰이지만 소문은 곧 없어지게 된다고 생각한다.

5. "전통"이라든가 "상식"이라는 말에 자신의 행동이 제약을 받거나 내심 반감을 느끼는 편입니까?
    a 경우에 따라 반감을 느껴도 말로써 표현하지 않고 냉정하게 행동한다.
    b 주위 사람들의 사고방식에 따르는 편이다.
    c 강한 반발을 느낀다.
    d 반발을 느끼지 않는다.

6. 새로운 물건을 구입할 때 침착하게 결정하는 편입니까?
    a 다른 사람의 말과 일치하지 않으면 자신이 좋아하는 것이라도 사지 않는다.
    b 마음에 들면 즉시 사는 편이다.
    c 신중하게 살펴보고 지불방법도 잘 검토해서 산다.
    d 잘 결정하지 못하기 때문에 다른 사람의 의견을 듣고 나서 산다.

7. 회의 중에 이야기하고 싶은 것이 있는데 이야기 하지도 못하고 끝나버린 적이 자주 있습니까?

   a 항상 그렇게 되어서 불만이 남는다.
   b 신중하게 생각하여 발언하지만 이야기 하지 않을 때도 있다.
   c 항상 간결하게 자신의 신념을 이야기한다.
   d 자기 자신의 확정된 의견을 갖지 않고 분위기에 맞춰 발표한다.

8. 한 가지 일이 있을 때 끝까지 확실히 해치우는 편입니까?

   a 그렇게 하고 싶지만, 자신이 없다.
   b 힘이 닿는데 까지 끝까지 해치운다.
   c 해야만 될 때는 한다.
   d 하나의 일을 고집하지 않고 느긋한 마음으로 한다.

9. 가격이 올라도 항상 한 가게에서만 쇼핑하는 편입니까?

   a 어느 가게든지 마음에 드는 곳에서 한다.
   b 머뭇거리지 않고 그곳에서 그냥 산다.
   c 물건 품목에 따라 다른 가게와 잘 비교 검토해서 산다.
   d 스스로 결정 못하고 다른 사람에게 끌리어 다른 가게에 가서 산다.

10. "생각하는 것보다 행동하는 것이 쉽다"라는 이야기를 당신의 경우는 어떻게 생각하십니까?

    a 역시 실행하기 전에 잘 생각하는 자세가 필요하다고 믿는다.
    b 틀린 이야기라고 생각 한다.
    c 결과야 좋든 나쁘든 여러 가지로 생각하기 전에 일단 먼저 실행해본다.
    d 생각한다는 것은 복잡하므로 평소 신념에 따라 일을 처리하면 스스로 일이 해결된다고 믿는다.

11. 인생의 중대한 기로에 선 경우 어떻게 대처합니까?
   a 미래의 일은 깊이 생각할 수도 없으니 자기가 지금 가지고 있는 생각에 승부를 건다.
   b 정확한 판단을 할 수 있을 때까지 철저히 생각한다.
   c 생각할 시간이 없다. 자기의 신념에 따라 즉시 돌진한다.
   d 밤에도 잠을 못자며, 믿을 만한 사람과 상담해서 결정한다.

 질문 순서대로 선택한 답에 ○표를 하고 그 숫자들을 더해서 ○표가 가장 많은 항목이 당신의 타입입니다. 만약에 동수일 경우는 그 중간 타입입니다.

	A	B	C	D
1	b	c	d	a
2	c	a	d	b
3	c	b	d	a
4	a	b	c	d
5	b	d	a	c
6	d	a	c	b
7	a	c	b	d
8	a	b	c	d
9	d	b	c	a
10	b	d	a	c
11	d	c	b	a
소계	( )	( )	( )	( )

 판정결과

A형 : 결과를 나쁘게 예측하는 우유부단형.

사소한 일에도 여러 가지를 고민하여 그리 간단하게 결정할 수 없다. 결정하지 못한다기 보다도 "하기가 싫은 것"이 본심일지도 모르겠다. 의존심이 강하고 자기의 생각에 자신을 가질 수가 없어 주위사람의 의견에 따라가는 경우가 많다. 이것인가? 저것인가를 고민해서 결정해도 주위 사람의 눈에 신경 쓰게 된다. 그러므로 자기 스스로 행동하려고 하지 않고 조직과 상사의 명령에 순종하고 충실히 일한다. 무엇보다도 안정을 바라고 실수를 무서워한다. 어떤 것을 해도 나쁜 결과만을 예측하므로 자기 스스로는 결단하지 않는다. 좋은 친구를 가지는 게 필요하다.

B형 : 자기만의 길을 걷는 유아독존형.

자기 고유의 독특한 신념을 가지고 있다. 견고한 가치기준을 가지고 남의 생각에 영향을 받지 않으며 혼자서 조용히 결정한다. 주위의 상황이 크게 변화해도 흔들리지 않고 자기의 결정을 고집한다. 한 번 결정하면 그것은 곧 확고한 신념이 되고 굉장한 끈기로 끝까지 하려고 한다. 주위의 행동이나 사람의 판단에 둔감한 만큼 무신경이고 "유아독존형"의 자기만의 길을 가는 노력가 타입. 자기직업 밖에는 모르지만 그 직업에서는 최고가 된다. 하나의 기술에 우수하고 굉장한 업적을 남길 때가 있다. 고지식하고 착실하며 꼼꼼하여 확정된 고정관념이 있어 융통성이 부족하므로 더욱 유연하게 생각하는게 필요하다.

C형 : 생각 후 행동하는 심사숙고형.

　어떤 일도 많은 시간이 걸려 생각하고 여러 사람의 뜻을 모아 계획을 짠다. 객관적인 정세를 잘 관찰하고 때가 될 때를 기다리면서 신중히 결정한다. 결정할 때까지는 시간이 많이 걸리지만 한 번 행동을 시작하면 두리번거리지 않고 돌진한다. 결과를 보는 것을 초조해 하지 않고 실행한다. 다소 상황이 바뀌어도 계획을 변경하지 않고 기존방침을 고수하며, 주위 사람들의 신뢰도 두텁다. 건실하고 조직적인 경영자 타입. 깊은 생각과 원대한 꿈을 가지고 속셈을 보이지 않는다. 실수를 무서워하여 다른 사람의 행동결과를 보고 자신의 일을 추진함으로 성공할 때가 많다.

D형 : 뛰면서 생각하는 속전속결형.

　기회포착을 잘한다. 결단이 빠르다는 것보다 뛰면서 생각하거나 어떤 행동을 한 후에 생각하는 타입이다. 심사숙고 하는 것보다 직감으로 즉시 결정하며 아이디어가 생각나면 그냥 해치우고 만다. 결과가 잘못되어도 후회하지 않고 빨리 잊어버리고 또 다시 기회를 보면서 재차 일을 도모한다. 상황변화에 빨리 대응하면서 그때 그때 결단을 수정한다. 머리의 회전이 빠르고 동작도 기민, 결단이 지나치게 빠른 점도 있다. 잘하면 상대방의 기선을 제압할 수 있지만 항상 그렇게 낙관 할 수 없다. 행동하기 전에 잘 생각하는 것이 필요하다.